LA FRANCE

ET

LE SEPTENNAT

PAR

M. LATOUR DU MOULIN

ANCIEN DÉPUTÉ

PARIS

E. DENTU, LIBRAIRE-ÉDITEUR

PALAIS-ROYAL, 17 ET 19, GALERIE D'ORLÉANS

1874

LA FRANCE

ET

LE SEPTENNAT

PARIS

IMPRIMERIE BALITOUT, QUESTROY ET Ce

RUE BAILLIF, 7, ET RUE DE VALOIS, 18

LA FRANCE

ET

LE SEPTENNAT

PAR

M. LATOUR DU MOULIN

ANCIEN DÉPUTÉ

PARIS

E. DENTU, LIBRAIRE-ÉDITEUR

PALAIS-ROYAL, 17 ET 19, GALERIE D'ORLÉANS

1874

Il est très difficile d'écrire l'histoire contemporaine, car l'on se heurte nécessairement à des difficultés, je dirais presque à des impossibilités sans nombre. Comment, en effet, porter un jugement sur ceux que l'on rencontre chaque jour, avec lesquels on se trouve en relations constantes et souvent amicales, sans s'exposer à se créer de violentes inimitiés, si l'on reste dans la vérité absolue, ou sans mentir à sa conscience si l'on ménage les susceptibilités et les amours-propres?

C'est cependant ce travail que je vais essayer. Mon but étant uniquement le bien de mon pays, je n'hésite pas à risquer les inconvénients personnels qui peuvent résulter de cette étude. D'ailleurs je n'exprimerai mon sentiment sur les personnages dont j'ai à parler ici qu'avec une courtoisie de formes qui est dans mes habitudes et qui, de l'aveu de tous, n'a jamais rien enlevé à la netteté des opinions.

Les institutions d'un pays ont assurément une importance réelle, mais, à mon sens, elle n'est cependant que secondaire; et, comme je le disais il y a quinze ans : « Quelque parfaite que soit, en théorie, une

Constitution, sa valeur réelle varie suivant l'application des principes qu'elle consacre (1). »

Il faut donc s'occuper des hommes qui nous gouvernent et de ceux qui peuvent être appelés par les circonstances à diriger nos destinées, si l'on veut apprécier avec justesse non-seulement notre situation politique actuelle, mais l'avenir qu'elle nous prépare. Si l'on espère fonder quelque chose de stable avec les éléments dont nous disposons, il convient d'étudier la nature de ces éléments, de se rendre compte de leurs avantages et de leurs imperfections, et de descendre des nuages de la théorie dans le terre à terre d'une saine pratique.

(1) Introduction historique à mes *Lettres sur la Constitution de* 1852; la France comparée à l'Angleterre, page 88.

LA FRANCE

ET

LE SEPTENNAT

Il y a dans la situation actuelle de la France et dans celle où nous nous trouvions en 1850, de telles analogies (1) qu'il n'est pas sans utilité peut-être d'envisager, froidement et surtout avec une complète impartialité, ce que nous réserve l'avenir, c'est-à-dire où nous conduisent fatalement les divisions des partis conservateurs, et d'examiner si, cette fois, l'impasse dans laquelle nous sommes n'est pas définitivement privée de toute issue, n'interdit même pas, comme ressource suprême, l'arrière-pensée, toujours déplorable d'ailleurs, d'un coup d'Etat.

Quelque déterminé partisan que l'on soit de la présidence de M. le Maréchal de Mac-Mahon, et — je l'ai déjà écrit il y a quelques mois — je suis de ceux qui désirent vivement qu'il puisse garder, jusqu'au 20 novembre 1880, les hautes fonctions qu'il remplit avec tant de patriotisme et de dignité, on ne saurait se faire illusion sur les difficultés croissantes

(1) Voir dans *Autorité et Liberté*, le chapitre intitulé : *Une Solution en 1850*. Tome I, page 73.

de sa tâche, ni considérer ce qu'on est convenu d'appeler le *Septennat,* et qui n'est déjà plus que le *Sexennat,* autrement que comme un gouvernement essentiellement provisoire, devant disparaître à une échéance fixe, dont chaque instant nous rapproche, en dehors même de l'inévitable et périlleux renouvellement de l'Assemblée nationale, renouvellement qui peut rendre impossible l'exercice régulier des pouvoirs confiés au glorieux vaincu de Reischoffen.

Je n'ai pas, au surplus, l'intention, je le répète, de me livrer dans cette étude à des dissertations philosophiques, à des théories gouvernementales plus ou moins ingénieuses, plus ou moins abstraites, dont la réfutation n'est jamais dificile; je veux simplement exposer les faits et me borner à être le porte-voix de cette politique, nettement conservatrice quoique résolûment libérale, qui est celle du plus grand nombre : la politique du bon sens.

I

Mais d'abord il est nécessaire de rappeler ce que sont aujourd'hui les partis opposés qui, tous, dans l'Assemblée nationale ont, individuellement, la prétention d'être les interprètes exclusifs sinon des aspirations du pays, du moins de ses vrais besoins ; il convient de compter leurs forces respectives, de voir de quels éléments ils se composent, d'apprécier leurs divers mobiles et leur but.

Commençons par les républicains.

Certes, à n'envisager que la théorie, l'idée républicaine est, non-seulement très défendable, mais indiscutable ; et il n'est aucun esprit indépendant, aucune nature douée de quelqu'élévation qui ne doive regretter profondément l'impossibilité — désormais constatée — de l'établissement, en France, d'un régime ayant pour première et principale base l'égalité, où le mérite personnel et les services rendus à la patrie devraient seuls, sans tenir compte des distinctions créées par les hasards de la naissance et de la fortune, conduire les plus dignes aux places et aux honneurs.

Aussi beaucoup de conservateurs, tout en restant les partisans d'une monarchie tempérée qui, plus que le régime républicain, leur offrait des garanties de durée et de stabilité, ne virent-ils longtemps, dans les drames sanglants de notre première révolution, que les conséquences désolantes, mais alors inévitables et dont le retour était, à leurs yeux impossible, de la violente secousse qui, rompant avec les abus d'un passé, sur tant de points détestable, a, pour toujours, établi les principes de notre société moderne. Ils n'étaient pas arrivés, aussitôt que M. Thiers, à comprendre qu'avec notre tempérament mobile, passionné, sans mesure, passant si facilement d'un extrême à l'autre, « la République ne pouvait finir que dans le sang ou l'imbécillité. »

De là le peu d'obstacles que rencontrèrent les auteurs de la révolution du 24 Février, lorsqu'à la suite de la résistance de M. Guizot à des revendications légitimes, et des fautes de l'opposition constitutionnelle, le flot populaire ayant emporté la dynastie des d'Orléans, M. de Lamartine se crut obligé de proclamer la République, du haut de la tribune envahie. Et malgré les souvenirs instructifs qu'avaient laissés le 15 Mai et les néfastes journées de Juin 1848, telle fut également l'une des causes de la résignation avec laquelle la France surprise, accepta, sans protestations, le gouvernement que, sans la consulter, on proclamait, en face de l'ennemi, le 4 Septembre 1870.

Enfin, les qualifications sévères dont MM. Thiers et Jules Grévy n'hésitèrent pas à stygmatiser la dictature de M. Gambetta (1) n'auraient pas empêché M. Thiers de fonder la République, et de donner ainsi lui-même un éclatant démenti à l'aphorisme qu'on lui a bien souvent rappelé déjà, si moins oublieux des leçons de l'histoire, il avait mieux profité de l'antagonisme des anciens partis monarchiques et de la lassitude de la France pour nous habituer, insensiblement, au nouveau régime dont il a été, un instant, le chef incontesté.

Mais après avoir courageusement dompté la Commune, et s'être montré impitoyable pour les simples soldats de cette abominable insurrection, loin de continuer une politique énergiquement conservatrice, qui lui eût indéfiniment assuré tous les concours, M. Thiers, en refusant de poursuivre M. Ranc et de déporter M. Rochefort, en obtenant pour le crime de M. Courbet une pénalité dérisoire, en persistant à suivre un périlleux système de bascule, malgré les prières de ceux qui ne l'avaient choisi que comme le porte-drapeau le plus autorisé de l'ordre et de la conservation sociale, M. Thiers a rappelé au souvenir des plus incrédules le jugement qu'il avait porté sur la République, avant d'en être le président, et a fini par les convaincre qu'elle ne pouvait être, en effet, que le synonyme de l'anarchie et de la Commune. — Et cette conviction a produit le 24 Mai.

Cependant, dira-t-on, si M. Thiers a tué la République, telle que la comprenaient les conservateurs, il n'a assurément pas tué le parti républicain; il lui a plutôt donné une

(1) Personne n'a oublié que M. Grévy a qualifié le gouvernement de M. Gambetta de *dictature de l'incapacité*, et que M. Thiers a dit, du haut de la tribune, que c'était « une politique de *fous furieux*. »

consistance qui lui manquait, en ralliant les éléments bariolés du centre gauche qui, s'il ne leur avait pas servi de trait-d'union, n'auraient jamais consenti à mêler leur bannière à celle de MM. Ledru-Rollin et Gambetta? — On ne saurait évidemment prétendre que la République désirée par ces deux chefs de notre nouvelle montagne ait eu à souffrir du changement de front de celui que vingt-sept départements, se souvenant de son attitude décidée contre les révolutionnaires de 1848, n'avaient élu que pour protester contre les révolutionnaires de 1870, contre les hommes qui, à Bordeaux, le mettaient en tête d'une liste de proscription (1).

Personne, malheureusement, ne saurait contester que cette République là ne trouve aujourd'hui,— dans M. Thiers et dans ceux qu'une ambition désordonnée, et généralement peu justifiée (si l'on excepte la puissante, mais peu sympathique individualité de M. Dufaure), réunit autour de lui, — des auxiliaires inattendus, amenés involontairement à doubler les rôles que jouait la plaine, sous la Convention, lorsqu'après avoir acclamé Vergniaud, elle le livrait à Danton, en attendant qu'elle proscrivît, à son tour, celui-ci, pour devenir bientôt l'instrument servile de Robespierre. —Telle serait, aujourd'hui comme alors, la pente inévitable. — L'oligarchie, sans contrepoids des doctrinaires de l'Assemblée qui suivent le mot d'ordre du journal habile et relativement modéré de M. Challemel-Lacour, serait promptement remplacée par la Convention que rêvent les rédacteurs du *Rappel;* et cette Convention elle-même ne tarderait pas à être balayée par l'anarchie révolutionnaire des échappés de la Commune.

La République qu'a tuée M. Thiers, par ses compromis et ses défaillances, c'est celle que voulait fonder Lafayette,

(1) Il convient d'être juste pour tous ses adversaires; aussi doit-on reconnaître que l'attitude de MM. Jules Simon et Emmanuel Arago fut, pendant cette crise, très nette et très courageuse.

c'est celle dont, sauf quelques modifications résultant des origines et des mœurs différentes,—les États-Unis nous fournissent le parfait modèle. — Celle-là, après la chute de la Commune, nous l'avons tous espérée, et tous, bonapartistes, orléanistes et légitimistes, nous nous y serions franchement ralliés, chacun de nous préférant ce régime neutre au triomphe d'un principe monarchique qui n'eût pas été le sien.

Mais une fois encore, c'est M. Thiers qui ne l'a pas voulue.

Je dis qu'il ne l'a pas voulue; car qui donc pourrait soupçonner d'erreur involontaire cette merveilleuse intelligence, cet esprit si net, si prompt, si délié, si tenace dans ses mobilités calculées, cette imagination féconde en ressources et trop souvent en subtilités, ce savoir incontesté qui ne néglige aucun détail, cette éloquence lumineuse qui, — si elle n'a jamais trouvé à la tribune d'autres accents que ceux d'une causerie attrayante et facile,— captive toujours par une incomparable abondance et sa limpidité, cette nature primesautière et expansive, où le moi tient une si grande place, aimant à consulter, mais n'admettant pas la moindre contradiction, trouvant à ses adversaires tous les défauts, et prêtant toutes les qualités à ses amis, à laquelle enfin ne manquent cependant ni la sagacité ni l'expérience?

A quel secret mobile obéit M. Thiers, je laisse à l'histoire le soin facile de l'expliquer. — Je ne saurais devancer la sévérité de son jugement, ni oublier que cette très heureuse personnalité, qui presqu'octogénaire, n'a perdu ni une des qualités, ni un des défauts de son impétueuse jeunesse, est et restera l'une des gloires de notre pays.

Mais son but avoué, celui de ses adeptes du centre gauche, quel peut-il être, sérieusement? Je vois bien celui de la gauche extrême, — et cependant, je me propose de démontrer plus loin que, quelqu'avancés qu'ils se montrent en politique, les radicaux ne sauraient désormais répondre aux véritables aspirations de leurs électeurs; — elle veut se servir de M. Thiers comme « d'un cheval de renfort », pour employer l'expression pittoresque de M. Pelletan, et arriver par lui au triomphe de la révolution. Mais lui, qu'espère-t-il maintenant qu'il est tombé du pouvoir ? Lorsqu'il s'y trouvait, il est évident que, comptant sur l'inépuisable patience de la droite, il ne dictait de compromettantes lettres à M. Barthélemy Saint-Hilaire et ne donnait des gages de toutes sortes à ceux qu'il avait, le 8 février 1871, reçu mission de combattre, que dans l'espoir d'atténuer leur hostilité et de se maintenir indéfiniment aux affaires, sans assez se préoccuper des difficultés de sa succession. — Aujourd'hui, il ne peut plus prétendre à une autre tâche qu'à celle de dissolvant aux mains de la révolution. — Le pays commence à le comprendre. Il n'oublie pas d'ailleurs son âge avancé aussi facilement que lui-même, et il se demande ce que serait le centre gauche sans M. Thiers.

Les élections partielles démontrent déjà que, malgré sa force numérique, considérable dans l'Assemblée actuelle, le centre gauche ne pèse d'aucun poids dans l'opinion publique. Il est destiné à disparaître de la future Assemblée.

J'en dirai autant du parti orléaniste.

II

Depuis le 24 mai, et surtout depuis la dernière modification ministérielle, qui a été l'épilogue du renversement de M. le duc de Broglie par la plus imprévue et la plus monstrueuse des coalitions, — où l'on a vu figurer côte à côte les élus du club de la rue Grolée et les chevau-légers, M. Thiers et M. Gambetta, M. Louis Blanc et M. Dufaure, M. de la Rochejaquelein et M. Challemel-Lacour, M. Naquet et M. de Franclieu, M. Ordinaire et M. de Belcastel, — l'orléanisme est non-seulement au pouvoir, mais il en occupe toutes les issues; ses adeptes peuplent les préfectures et les ambassades. — M. le maréchal de Mac-Mahon se place incontestablement en dehors et au-dessus des compétitions opposées des partis conservateurs ; néanmoins, en fait, son gouvernement est, aujourd'hui, purement orléaniste. — Les deux ministres qui semblent y représenter la droite modérée, ne sauraient, par leur action personnelle, modifier les tendances générales du cabinet dont ils font partie et dont le duc Decazes est le véritable chef.—Or, le duc Decazes c'est la personnification de l'orléanisme et de l'orléanisme militant, ne se laissant décourager par aucun obstacle, et, on peut le dire, depuis l'échec définitif, irrémédiable de la fusion — son rêve plus encore peut-être que celui de M. le duc de Broglie — par aucune impossibilité.

Pourtant, qu'est-ce donc maintenant que le parti orléaniste? Un brillant état-major qui, pour toute armée, compte quelques colonels sans un seul régiment, et qui ne sait plus lui-même si son drapeau, qu'il lui est désormais interdit de déployer, est blanc ou tricolore. Quels sont ses adhérents en dehors du ministère et des principales personnalités du centre droit? — Car la masse du centre droit se compose plutôt de conservateurs libéraux, décidés à accueillir tout régime qui conciliera les idées d'ordre avec les garanties d'une sage liberté, que d'orléanistes proprement dits. — Et, dans la nation, où sont ses racines? — Quoiqu'on ait pu prétendre, avant la fusion, c'était certainement un principe, discutable soit, mais un principe ayant une force considérable et un prestige personnel. De même que les bonapartistes représentent le droit populaire, et les légitimistes le droit divin, l'orléanisme était — au même titre qu'autrefois la maison de Hanovre, lorsqu'en Angleterre elle se substituait violemment aux Stuarts — d'une part : l'antagonisme avoué des idées absolues qui dominaient à une autre époque, et, par le régime représentatif s'appuyant sur l'hérédité monarchique, le trait-d'union du droit public moderne avec certaines traditions nécessaires du passé ; d'autre part, il était devenu l'oriflamme de cette classe moyenne, de ces parvenus de l'intelligence, du travail et de la richesse qui, depuis 1789, forment l'élite de la France.

Les princes d'Orléans avaient tout pour eux, jusqu'au nombre, garantie contre les tentatives de bouleversement, par l'assassinat. — Ils sont braves, instruits, affables, sympathiques, unis entre eux; élevés dans nos lycées et dans des pays où les droits de la liberté ne sauraient être sujets à aucune contestation, ils y ont contracté des habitudes en harmonie avec les progrès de notre temps ; leurs idées politiques semblaient devenues les nôtres. Enfin, leur fortune colossale, qu'ils ont eu le tort grave de revendiquer inopportunément — quoique leurs droits ne fussent pas réfutables — aurait pu devenir, dans d'autres mains, le plus utile des leviers.

Mais, malgré ces mérites et ces avantages incontestés, ils n'ont plus en France, depuis la fusion, qu'une situation semblable à celle qu'ils avaient en Angleterre, lorsqu'ils l'habitaient, la situation de gentilshommes de haute lignée, riches et respectés pour leurs vertus privées. — M. le duc d'Aumale, prince et académicien, possesseur d'un revenu royal, en présidant le procès du maréchal Bazaine, a fait preuve d'une intelligence exceptionnelle, qui a forcé les hommages même de ses ennemis ; eh bien, à Besançon, où il remplit d'ailleurs, très scrupuleusement, ses devoirs militaires, il n'a pas une importance de beaucoup supérieure à celle qu'on accorde, à Tours, à M. le général du Barrail, ou bien, à Bourges, à M. le général Ducrot; et elle est infiniment moindre que l'autorité morale qu'exerce sur l'ensemble de l'armée M. le maréchal Canrobert, auquel, par ce motif sans doute, les amis de M. le duc d'Aumale, dans le ministère, n'ont pas cru devoir confier de commandement.

Après cette fusion prétendue des deux branches de la maison de Bourbon, c'est-à-dire après l'abdication, sans conditions, des princes d'Orléans entre les mains du chef de la Monarchie traditionnelle, du représentant immuable et résolu des idées les plus opposées aux principes du grand parti libéral conservateur dont, pendant vingt-cinq ans, ils ont été l'espérance, abdication à laquelle ils se sont décidés — ou résignés — sans s'être évidemment rendu compte de ses conséquences forcées et immédiates, que pouvait devenir, qu'est devenu le parti orléaniste? — Je le répète : un semblant d'armée abandonnée désormais par ses soldats et même par ses officiers, dont il ne reste que quelques colonels et deux ou trois généraux, fort embarrassés du rôle difficile et ambigu que leur imposent de vieux et respectables liens et un dévouement personnel.

Je pourrais ajouter que l'ancien parti orléaniste, déserté par ses chefs naturels, éprouve une vive, une légitime indignation en se voyant traité par eux comme si nous vivions aujourd'hui sous la Fronde, comme si, à la fin du dix-neuvième siècle, la réconciliation des Princes avec le Roi suffisait pour imposer, instantanément, une obéissance passive à l'armée de M. de Condé. On leur conteste le droit d'avoir cherché l'union de deux principes absolument contraires, on n'hésite pas à accuser les fils du roi Philippe d'obéir à l'ambition la plus condamnable et la plus irréfléchie en paraissant renier leur père, en repoussant le drapeau de Jemmapes, de Valmy et de 1830, pour relever celui de Quiberon. — M. le comte de Paris, M. le duc d'Aumale, qui sont, à divers titres, les deux grandes personnalités de de la famille d'Orléans, se sont-ils aperçus de la faute irréparable qu'on leur a fait commettre, voient-ils enfin que la visite du 5 août à Frosdhorf, dont je n'ai pas à apprécier les secrets motifs, n'a profité qu'à l'Empire et à la République? Il serait impossible de ne pas l'admettre, surtout après l'effet qu'ont produits sur l'opinion publique la lettre que M. le comte de Chambord adressait, il y a un an, à M. Chesnelong et son dernier manifeste.

Sur quel secours du hasard pourraient-ils compter, maintenant, pour reprendre les avantages qu'ils ont perdus, sans compensation d'aucune sorte? L'honneur ne leur imposerait pas l'impérieuse loi de demeurer fidèles à celui qu'ils ont reconnu pour le seul Roi légitime et au nouveau programme qu'ils ont adopté, que le respect humain et le soin de leur renommée les y obligeraient.

Quelle espérance reste donc à leurs amis? L'abdication du comte de Chambord?—Tout le monde sait qu'il n'abdiquera pas. L'éventualité de sa mort? Mais les conseillers intimes des Princes, MM. Decazes, de Broglie et d'Audiffret-Pasquier sont ses aînés, et ils ne se considèrent pas, je suppose, comme condamnés par leur âge à un décès prochain!

Quant à l'éventualité, dont on parle beaucoup dans certaines régions, du maintien indéfini de la République, par l'organisation d'une sorte de stathoudérat — très acceptable, assurément, s'il était possible — je ne veux pas plus m'y arrêter qu'aux avances qui seraient faites, dans ce but, à l'un des chefs du radicalisme, afin d'obtenir de la gauche le vote des lois constitutionnelles, ou, en d'autres termes, la constitution d'un régime qui permettrait de remplacer un jour — dans six ans au plus tard — M. le maréchal de Mac-Mahon par M. le duc d'Aumale. — En dehors même de l'impossibilité matérielle de la continuation, ou plutôt de la consolidation, sous une forme que repousseraient les républicains, d'un provisoire illimité, ce serait revenir, par une équivoque indigne de ceux dans l'intérêt desquels on semblerait agir, sur l'engagement d'honneur qu'ils ont pris vis-à-vis de M. le comte de Chambord. Or l'équivoque, qui est la pire des politiques, n'aura jamais, en France, de chances sérieuses de succès.

Les chefs du centre droit, éloignés de la politique pendant toute la durée de l'Empire, — et c'est, au fond, leur grief capital, légitime à certains égards, — ont du talent ; ils n'ont pas d'expérience. Aussi persistent-ils à espérer que, détenteurs du pouvoir, ils pourront amener un jour — mais sans savoir exactement par quels moyens — le triomphe, direct ou indirect, d'une cause que la fusion devait, selon eux, sauver et qu'elle a irrévocablement perdue.

La pratique, c'est là ce qui manque aux hommes qui nous gouvernent. Personnalités des plus respectables, quelques-unes ont de rares qualités, une véritable éloquence, un savoir incontestable ; devant les commissions, et par de lumineux rapports, ils font individuellement preuve d'une valeur réelle ; mais au pouvoir, ou bien réunis en assemblée, ils paraissent dépourvus de tout esprit politique, je dirais presque de tout bon sens. Ils n'ont pas suffisamment encore ce qui fait la force de l'Empire, ce qui constitue la supériorité de M. Thiers, la pratique des affaires et des hommes. — Ce ne sont, pour la plupart, que des théoriciens constamment gênés par leur ancienne opposition, cherchant à en concilier le souvenir avec les nécessités impérieuses et positives du gouvernement, et aboutissant ainsi à un système de bascule et d'indécision qui leur enlève toute autorité, tout prestige. — Grâce aux tendances de la nation française vers l'exagération, des hommes éminents, dont le tort principal est d'avoir trop vite escaladé le pouvoir pour en connaître, dès leurs débuts, les conditions essentielles, sont regardés comme absolument incapables d'administrer jamais notre pays.

Les trois ducs qui dirigent le centre droit et pour lesquels, dans une société plus jalouse encore qu'égalitaire, leur titre est devenu un embarras, ont pourtant de remarquables facultés et de brillantes aptitudes :

M. de Broglie, quoique ses conceptions gouvernementales soient plus ingénieuses qu'acceptables, s'est révélé, à la tribune, homme d'Etat du premier ordre. Orateur élégant et habile, prêt à la réplique et toujours maître de sa parole, il expose ses idées avec élévation et beaucoup de netteté et ne dit jamais que ce qui est strictement nécessaire pour réfuter son adversaire, sortir d'une difficulté ou éviter un piége. — C'est bien le digne fils de son illustre père. D'une sûreté absolue dans ses relations, comme lui il personnifie le grand seigneur libéral et doctrinaire ; comme lui trop confiant dans la droiture de ses intentions pour s'abaisser à capter les suffrages par les petits moyens de la stratégie parlementaire, sa raideur — plus apparente que réelle — l'a rendu impopulaire ; mais il force l'estime de ceux dont il ne cherche peut-être pas assez à conquérir les sympathies.

Son émule, M. d'Audiffret-Pasquier, plein de chaleur et d'éloquence, est loin de se dominer, autant que M. le duc de Broglie, et les nombreux ennemis que lui crée un caractère difficile et passionné, lui reprochent, non sans quelque raison, de dépasser trop souvent le but qu'il voudrait atteindre, de manquer de cette qualité si essentielle aux hommes politiques : la mesure. — C'est cependant, de l'aveu de tous, un homme éminent, malgré sa haine aveugle contre l'Empire qui, ne se manifestant pas toujours avec une suffisante impartialité, l'a, plus d'une fois, entraîné à servir d'instrument involontaire aux attaques calomnieuses de la révolution.

Enfin le duc Decazes, le plus attaqué, le plus contesté des trois, à des points de vue divers, s'il ne possède pas tous les mérites du duc de Broglie, n'en a pas non plus les aspérités. Quoique ses sympathies soient nettement orléanistes, il vit avec tous les partis dans de bien meilleurs termes que son autre ami, le duc Pasquier. Esprit vif, aimable et fort délié, d'une facilité de relations qui parfois étonne, concevant très vite toutes choses et jugeant tout avec la même promptitude, sinon avec une égale sagacité, le premier coup d'œil du duc Decazes le trompe souvent dans son appréciation des faits et des hommes; mais il a trop d'intelligence pour persister dans ses erreurs, et trop de souplesse pour ne pas chercher immédiatement à les réparer. Aussi sa nature généralement conciliante, d'une finesse toute diplomatique, lui a-t-elle permis de rendre à notre malheureux pays, depuis qu'il en dirige les affaires extérieures, des services que ne sauraient faire oublier de récentes et regrettables résolutions. La bonne grâce et l'affabilité entrent évidemment dans les calculs de ce politique de naissance, suivant, scrupuleusement, comme le duc de Broglie, les traditions d'un père éminent. Cependant sa bienveillance, d'ailleurs réelle, paraît trop universelle pour devenir toujours effective et ne pas aller fréquemment à l'encontre de son but. — Ce n'est pas précisément un orateur, quoi qu'il s'exprime avec facilité et qu'il tienne convenablement sa place à la tribune, surtout lorsqu'il s'y est préparé; mais c'est un tacticien de premier ordre, très soigneux des détails, redoutant la presse et s'en servant avec habileté, capable de lutter, dans les coulisses de l'Assemblée nationale, avec M. Thiers lui-même. — En un mot, le plus attrayant des ministres, à moins que cédant, un instant, à son impétuosité méridionale, il n'en soit le plus cassant. Ne manquant d'ailleurs, au besoin, ni de résolution, ni de courage personnel et ne repoussant pas, de parti-pris, le principe de la souveraineté du but, il ne reculera jamais devant un danger, mais il tourne volontiers un obstacle.

Et bien, ces trois personnages, que leurs talents divers, plus encore que leur ancienne situation, très effacée sous l'Empire, ont mis en évidence depuis la Révolution du 4 Septembre, ne sont pas les seuls, dans le centre droit, ayant une incontestable valeur. Mais tous ces hommes, que les désastres de la patrie, des services rendus pendant la guerre ou leur opposition constante ont, inopinément, mêlés aux affaires publiques, et qui, le 8 février 1871, sont arrivés en quelque sorte par hasard — et la plupart sans aucune préparation, dans une assemblée souveraine, — manquent, je le répète, de cette expérience à laquelle, sauf de bien rares exceptions, on ne saurait pas plus suppléer en politique que dans toute autre carrière.

C'est là l'excuse, sinon la justification de leur attitude et de la persistance de ceux d'entre eux qui, après avoir adhéré à une fusion impossible de deux principes opposés, se refusent à comprendre que l'orléanisme, ayant été anéanti par cette malheureuse combinaison politique, ne saurait désormais être ressuscité par aucune subtilité, par aucun compromis.

III

Un des faits les plus étranges de l'époque peu ordinaire dans laquelle nous vivons, c'est d'abord l'affolement des partis politiques, et, en second lieu, l'égoïsme naïf des hommes qui les composent, que ces hommes soient des radicaux ou des conservateurs. Pour les partis, qu'importe la France ; pour les individus, qu'importent ceux qui ont dans l'opinion, une autorité ancienne ou récente! Tout ce qui fait obstacle à l'ambition des nouveaux venus de l'Assemblée de 1871 doit être impitoyablement mis de côté. Ne reconnaissant pas le passé, ne voulant pas voir l'avenir, ils vivent uniquement dans le présent, heureux qu'ils sont de jouir enfin du pouvoir dont on les avait, si maladroitement d'ailleurs, tenus à l'écart pendant vingt ans et dont, à leur tour, ils éloignent tout ce qui ne date pas d'avant 1852, fermant avec obstination les yeux, pour ne pas voir l'abîme vers lequel leur impuissance nous entraîne fatalement. Le second Empire n'a pas plus existé pour eux que le premier n'existait pour les émigrés, qui, disait-on alors, n'avaient rien « oublié ni rien appris. » — Ce n'est pas pour le duc de Magenta, c'est pour le marquis de Mac-Mahon, pourrait-on dire aujourd'hui, qu'ont voté, le 24 mai, la plupart des membres de l'extrême droite.

S'il est exact que les orléanistes de l'Assemblée nationale se fassent encore des illusions, dont la persistance étonne, que dire, en effet, de celles des légitimistes?

Le parti légitimiste, il est vrai, malgré ses divisions récentes, conserve la plupart de ses anciens adhérents; presque tous lui sont restés fidèles, et au moment où la fusion était, de divers côtés, officiellement annoncée, il avait même fait d'assez nombreuses recrues, sinon dans cette classe nombreuse des petits propriétaires, notaires, avocats, médecins, avoués, huissiers et petits commerçants — anciens clients de l'orléanisme sous l'Empire, devenus les agents les plus actifs de la République, et fanatiques aujourd'hui de la politique du « Petit-Bourgeois », leur idole, — pour lesquels il ne peut y avoir de transaction avec ce qu'ils appellent l'ancien régime, du moins dans la haute bourgeoisie frondeuse qui, quelque voltairiennes que soient ses tendances, veut, avant tout, l'ordre et la stabilité. — Aussi la restauration d'Henri V qui, même avec le drapeau tricolore, eût rencontré d'insurmontables obstacles, dans certains départements, aurait-elle été acceptée, dans un grand nombre d'autres, et surtout à Paris, comme un gage de calme et de tranquillité définitive.

Mais, pour tous, la fusion devait être la conciliation, dont le drapeau de 89 et de 1830 serait devenu le symbole; et si le plus grand nombre comprenait la nécessité de suspendre, momentanément, l'exercice de quelques-uns des droits conquis au milieu des révolutions successives qu'a faites ou subies la France, depuis plus de quatre-vingts ans, il ne pouvait entrer dans l'esprit de personne — pas même dans celui des légitimistes de la plus vieille date, mais ayant une certaine prévoyance — que la France se résignât jamais à renoncer, en principe, aux conquêtes légitimes qui lui ont coûté tant de sang et de sacrifices de tous genres et qui, d'ailleurs, avec quelques variantes exigées par des différences de mœurs ou d'habitudes, constituent le droit public inaltérable des nations civilisées.

La stupéfaction fut donc immense lorsqu'au moment où les explications satisfaisantes qu'avaient données M. Chesnelong aux députés de la droite et du centre droit, dont il avait été le mandataire à Frosdhorf, venaient de décider la majorité de l'Assemblée, — peut-être en désaccord avec celle du pays,— à rappeler un nouveau Louis XVIII, parut, si inopinément, la lettre de M. le comte de Chambord, indiquant, sans beaucoup de réticences, qu'en droit, sinon en fait, c'était l'omnipotence de Louis XIV qu'il revendiquait!

Décidé à ne parler qu'avec courtoisie de tous les personnages dont j'aurai à m'occuper ici, ce n'est pas à propos de M. le comte de Chambord que je ferai une exception à la règle que je me suis imposée. — On a rendu, d'ailleurs, de toutes parts, un hommage mérité à la noblesse de cette remarquable figure historique, et chacun doit, selon moi, s'y associer; car malheureusement, rien n'est plus rare dans notre pays, où pullulent les ambitieux sans principes, et trop souvent sans conscience, qu'un grand caractère résistant à l'attrait du pouvoir et préférant même la continuation de l'exil à la moindre transaction avec ce qu'il considère comme son imprescriptible droit. — Et c'est une fière nature que celle de ce prétendant sans autre ambition que d'être le représentant d'un principe d'ordre social qui, restant calme et digne au milieu de l'agitation des partis, attend tout de Dieu, ne sollicite, ni directement ni indirectement, aucun concours, s'il n'en repousse aucun, qui, enfin, l'année dernière, refusait la couronne de France pour ne pas la devoir à une équivoque.

Cependant, quelque légitime que soit l'auréole qui entoure le nom vénéré de M. le comte de Chambord, il me sera permis, je pense, en présence de faits indiscutables, de m'associer aux sages paroles que lui adressait — dès ses premiers refus à toute apparence de transaction — un prélat illustre, l'un des plus ardents promoteurs de la fusion, quoique ses observations aussi respectueuses qu'éloquentes n'aient rencontré, de la part du Prince, qu'une hautaine et bien injuste sévérité Les événements, en effet, ne l'ont que trop prouvé depuis dix-huit mois, le langage de Mgr Dupanloup n'était pas seulement celui d'un citoyen éminent accomplissant un devoir envers sa patrie, c'était aussi celui d'un ami véritable de la royauté (1).

(1) « ..... Quand on a reçu de la Providence la mission de sauver
» un peuple — écrivait Mgr Dupanloup à M. le comte de Chambord,
» le 25 janvier 1873 — et que, sous nos yeux, ce peuple périt, je crois
» et beaucoup de vos amis croient avec moi, que dans une question
» de rapprochement, il y a des devoirs réciproques. Car enfin, cette
» question de rapprochement n'est pas seulement entre les Princes
» d'Orléans et votre personne ; elle est entre la France, eux et vous.
» Voilà la vérité ! C'est-à-dire que dans cette question de rapproche-
» ment, tous ont leur devoir et leur responsabilité.

M. le comte de Chambord, qui parle constamment de Henri IV, de son drapeau, et de la sincérité duquel je ne me permettrais pas de douter, après avoir dompté son cœur jusqu'à pardonner aux héritiers de Louis-Philippe 1830 et même 1832, a-t-il donc oublié que, dans un intérêt d'apaisement et de conciliation, son aïeul avait cru de son *devoir* de transiger avec sa conscience au point de changer de religion? Et peut-on raisonnablement établir un parallèle entre cet abandon de la foi de ses pères, que dictaient uniquement des considérations politiques, et l'adjonction de deux cou-

» Et certes, si jamais un pays aux abois a demandé dans celui que » la Providence lui a réservé comme sa suprême ressource, des ménagements, de la clairvoyance, tous les sacrifices possibles, c'est bien la » France malade et mourante. Se tromper sur cette question si grave, » se faire, même par un très noble sentiment, des impossibilités qui » n'en seraient pas devant Dieu, deviendrait le plus grand des mal- » heurs. »

Voici les principaux extraits de la réponse de M. le comte de Chambord :

« Vienne, le 8 février 1873.

» Monsieur l'Évêque,

» Comme vous, je ne puis avoir d'autre intérêt en ce monde que » le salut de la France, ni d'autre désir que celui de voir se lever de » meilleurs jours pour l'Eglise........... Sans prévention ni rancune » contre les personnes, mon devoir était de conserver dans son inté- » grité le principe héréditaire dont j'ai la garde, principe en dehors » duquel, je ne cesserai de le répéter, je ne suis rien, et avec lequel » je puis tout. — C'est ce qu'on ne veut pas assez comprendre.

» Il m'est permis de supposer par vos allusions, monsieur l'Evêque, » qu'au premier rang des sacrifices regardés par vous comme indis- » pensables pour correspondre aux vœux du pays, vous placez celui du » drapeau.

» C'est là un prétexte inventé par ceux qui, tout en reconnaissant » la nécessité du retour à la Monarchie traditionnelle, veulent au » moins conserver le symbole de la révolution.....

» Je n'ai ni sacrifice à faire ni conditions à recevoir. J'attends peu » de l'habileté des hommes et beaucoup de la justice de Dieu. »

Six mois après, M. le comte de Paris, s'inclinant devant cette inébranlable volonté, se rendait à merci, abdiquait, sans conditions, entre les mains de son cousin.

leurs à celles de l'étendard d'Arques et d'Ivry, dans les plis duquel le descendant d'Henri IV persiste à s'ensevelir, dût-il envelopper la France dans son linceuil ? Certes, si l'on eût demandé un aussi mince sacrifice à celui qui, reniant sa religion, disait ce mot fameux et si souvent répété : « Paris vaut bien une messe », « la *violente* amour qu'il portait à ses sujets et qui — affirmait-il — rendait *tout* possible et honorable,» l'aurait empêché d'hésiter un seul instant! — Henri IV comprenait ce que ne semble pas suffisamment admettre aujourd'hui son petit-fils, et que lui indiquait si patriotiquement et avec une si haute raison l'Evêque d'Orléans, c'est qu'un prince n'a pas seulement des droits, mais d'impérieux devoirs.

Sans remonter aussi haut qu'Henri IV, M. le comte de Chambord aurait dû, peut-être, avant d'écrire sa regrettable lettre à M. Chesnelong, se rappeler que son grand-oncle, que le frère de Louis XVI, revenant cependant en France, plus encore par droit de conquête que par droit de naissance, appuyé qu'il était par les baïonnettes de nos vainqueurs, portait à Saint-Ouen, devant les chefs de notre armée, la cocarde tricolore et se crut même forcé à transiger, en 1815, avec les principes nouveaux, au point de leur donner pour gage l'introduction dans son ministère d'un régicide, d'un religieux apostat, de Fouché, et de choisir pour représentant officiel au Congrès de Vérone un évêque défroqué (1)?

(1) « M. de Talleyrand — dit Vaulabelle dans son *Histoire de la Restauration* — introduisit le duc d'Otrante auprès de Louis XVIII. Ce ne fut pas » un des spectacles les moins étranges de cette époque si féconde en » contrastes que de voir cet ancien moine, veuf d'une première femme » et père de trois enfants, entrant appuyé sur le bras d'un ancien » évêque, également marié, dans le cabinet du Roi très chrétien, fils » aîné de l'Eglise, Roi que ce moine avait offert, plusieurs fois, de sacrifier, ainsi que tous les siens, au prix d'un million par tête, dont il » avait condamné à mort le frère et le prédécesseur, et qui, cependant, allait le prendre pour conseiller et pour ministre ! »

Pour M. le comte de Chambord, Louis XVIII serait-il donc ce qu'il paraissait aux ultrà-royalistes d'alors, un jacobin?

Si telles sont ses idées actuelles,—et la lettre qu'il a écrite à M. Chesnelong, ainsi comprise par tous ceux qui l'ont lue sans partialité et n'en ont assurément pas perdu le souvenir, tendrait à l'établir, — elles se trouvent en complet désaccord avec celles qu'en 1851, il exprimait, dans le plus beau langage, à l'illustre Berryer, dont l'expérience politique et le dévouement s'imposaient aux plus fanatiques, restés, depuis sa mort, sans contradicteurs qui eussent sur le Prince une suffisante autorité.

« Mon cher Berryer,— lui disait-il après l'avoir complimenté sur le discours libéral qu'il avait prononcé le 16 janvier 1851 — vous le savez, quoique j'aie la douleur de voir quelquefois mes pensées et mes intentions dénaturées et méconnues, l'intérêt de la France, *qui pour moi passe avant tout,* me condamne souvent au silence, tant je crains d'ajouter aux difficultés et aux embarras de la situation actuelle. Que je suis donc heureux que vous ayez si bien exprimé les sentiments qui sont les miens et qui s'accordent parfaitement avec la conduite que j'ai tenue dans tous les temps. Vous vous en êtes souvenu, c'est bien là cette politique de *conciliation, d'union, de fusion*, qui est la mienne et que vous avez si éloquemment exposée; politique qui met en oubli toutes les divisions, toutes les récriminations, toutes les oppositions passées et veut, pour tout le monde, un avenir où tout honnête homme se sente, comme vous l'avez si bien dit, en pleine possession de sa dignité personnelle.

» Dépositaire du principe fondamental de la monarchie, je sais qu'elle ne répondrait pas à tous les besoins de la France si elle n'était pas en harmonie avec son état social, ses mœurs, ses intérêts, et si la France n'en reconnaissait et n'en acceptait, avec confiance, la nécessité. — Je respecte sa civilisation et sa gloire contemporaine, autant que les traditions et les souvenirs de son histoire. Les maximes qu'elle a fortement à cœur et que vous avez rappelées, l'égalité devant la loi, la liberté de conscience, le libre accès pour tous les mérites à tous les emplois, à tous les honneurs et avantages sociaux, tous les grands principes d'une société éclairée et chrétienne me sont chers et sacrés comme à tous les Français.

» Donner à ces principes toutes les garanties qui leur sont nécessaires, par des institutions conformes aux vœux de la nation; fonder, *d'accord avec elle*, un gouvernement régulier et stable, en le plaçant sur les bases de l'hérédité monarchique et *sous la garde des libertés publiques, à la fois fortement réglées et loyalement respectées*, tel serait l'unique but de mon ambition. — J'ose espérer qu'avec l'aide de tous les bons citoyens, *de tous les membres de ma famille*, je ne manquerais ni de courage ni de persévérance pour accomplir cette œuvre de restauration *nationale*, seul moyen de rendre à la France ces longues perspectives de l'avenir, sans lesquelles le présent, même tranquille, demeure inquiet et frappé de stérilité.

» Après tant de vicissitudes et d'essais infructueux, la France, éclairée par sa propre expérience, comprendra elle-même où sont ses meilleures destinées. Le jour où elle saura reconnaître que le principe traditionnel et séculaire de l'hérédité monarchique est la plus sûre garantie de la stabilité de son gouvernement, *du développement de ses libertés*, elle trouvera en moi un Français dévoué, empressé de rallier autour de lui toutes les capacités, toutes les gloires, tous les hommes qui, par leurs anciens services, ont motivé la reconnaissance du pays.

» Je vous renouvelle, mon cher Berryer, mes remerciements.

» HENRY. »

Au lieu d'écrire sa trop fameuse lettre du 27 octobre 1873, que M. le comte de Chambord ne s'est-il borné à reproduire celle que je viens de citer! Il serait, depuis un an, Roi de France; et s'il avait appliqué dès son arrivée au pouvoir, les principes qu'il revendiquait, s'il avait adopté le symbole de ce droit moderne dont-il ne méconnaissait pas, autrefois, la puissance, de ces libertés publiques dont il félicitait Berryer de s'être fait, à la tribune, le défenseur éloquent; si, enfin, se rappelant que « pour lui l'intérêt de la France devant passer avant tout », et « voulant accomplir une œuvre de restauration nationale », s'il en avait franchement accepté le drapeau — ce que, d'ailleurs, sa lettre de 1851 faisait pressentir, — nous aurions eu « ces longues perspectives de l'avenir » dont il parlait si bien et sans lesquelles, en effet, « le présent, même tranquille, demeure inquiet et frappé de stérilité. »

Mais il a pour toujours renoncé à gouverner notre infortuné pays, celui qui, paraissant oublier son admirable lettre d'il y a vingt-trois ans, et faisant allusion aux concessions que, de toutes parts, on réclamait de lui, écrivait, l'année dernière, à l'honorable délégué de la droite et du centre droit : « Je vous remercie de n'avoir rien caché de l'inébran-
» lable fermeté de mes résolutions. Aussi ne suis-je point
» ému quand l'opinion publique, *emportée par un courant*
» *que je déplore,* a prétendu que je consentais enfin à *devenir*
» *le roi légitime de la révolution*..... On me demande aujour-
» d'hui le sacrifice de mon honneur : que puis-je répondre?
» Sinon que je ne rétracte rien de mes précédentes décla-
» rations (celles qui étaient relatives au maintien du drapeau
» blanc). *Les prétentions de la veille,* — ajoute-t-il, — *me*
» *donnent la mesure des exigences du lendemain,* et je ne
» puis consentir à inaugurer un régime réparateur par un
» acte de faiblesse..... Nous avons ensemble une grande
» œuvre à accomplir, je suis prêt, tout prêt à l'entreprendre
» quand on voudra, dès demain, dès ce soir, dès ce mo-
» ment; c'est pourquoi je veux rester tout entier ce que je
» suis. Amoindri aujourd'hui, je serais impuissant demain.
» Il ne s'agit de rien moins que de constituer, sur ses bases
» naturelles, une société profondément troublée, d'assurer
» avec énergie le règne de la loi, de faire renaître la prospé-
» rité du dedans, de contracter au dehors des alliances du-
» rables, et *surtout* de ne pas craindre d'employer la *force*
» au service de l'ordre et de la justice. »

Puis donnant aux princes d'Orléans un dernier coup de massue, en les solidarisant avec ses doctrines politiques, et rendant à la fusion son véritable caractère d'abdication :

« On parle — dit-il — de conditions ; m'en a-t-il posé ce jeune » Prince dont j'ai ressenti, avec tant de bonheur, la loyale » étreinte et qui, n'écoutant que son patriotisme, venait » spontanément à moi, m'apportant, *au nom de tous les* » *siens,* des assurances de paix, de dévouement et de récon- » ciliation? » Enfin, après avoir, par la plus imprévue des confusions, comparé l'omnipotence qu'il réclame sans garanties, au pouvoir subordonné et parfaitement défini du maréchal de Mac-Mahon, il termine sa lettre, plus étrange encore que le manifeste qui, quelques mois après, devait en être le post scriptum (1), par cette déclaration :

« Ma personne n'est rien, mon principe est tout. La France » verra la fin de ses épreuves quand elle voudra le com- » prendre. Je suis le pilote nécessaire, le seul capable de » conduire le navire au port, *parce que j'ai mission et auto-* » *rité pour cela !* »

Quelles que soient, au surplus, les idées définitives de M. le comte de Chambord et ses secrets desseins, il est un fait que ses chevaleresques partisans, dans l'Assemblée nationale et dans la presse, ne sauraient contester : ses restrictions officielles, si contraires aux habiles déclarations que lui suggérait autrefois M. Berryer, ayant été absolument contre le but qu'elles se proposaient sans doute, les chances

(1) Ce manifeste, daté du 2 juillet, débute ainsi : « La France a » besoin de la Royauté. — *Ma naissance m'a fait votre Roi !* » Puis, après quelques déclarations destinées à atténuer le mauvais effet produit par sa lettre à M. Chesnelong, M. le comte de Chambord ajoute : « Je veux trouver dans les représentants de la nation des auxiliaires » vigilants *pour l'examen des questions soumises à leur contrôle;* mais je » ne veux pas de ces luttes stériles du Parlement d'où le Souverain » sort trop souvent impuissant et affaibli, et si je repousse la formule » d'importation étrangère que répudient toutes nos traditions natio- » nales, avec son Roi qui règne et ne gouverne pas, là encore je me » sens en communauté parfaite avec les désirs de l'immense majorité » qui ne comprend rien à ces fictions, qui est fatiguée de ces men- » songes. » — Du drapeau, pas un mot !

d'une restauration de la Monarchie traditionnelle — puisque c'est ainsi qu'on la nomme — ont complétement disparu.

Est-ce à dire qu'il ne reste plus en France de légitimistes? Telle n'est pas mon affirmation. Mais leurs divisions, qui semblèrent, un instant, effacées, s'accentuent chaque jour davantage. Si les uns se croyent obligés d'approuver tout ce qu'a fait le Roi, bien qu'ils le déplorent peut-être, au fond de leur conscience, d'autres, dans l'Assemblée et en dehors d'elle, qui ont pour eux l'expérience et le talent, en tête desquels vient de se placer M. de Falloux, désolés par le renversement du rêve de leur vie : l'établissement définitif d'une monarchie à la fois légitime et constitutionnelle, n'hésitent pas à repousser le dogme de l'infaillibilité du Roi. C'est un schisme avec toutes ses conséquences fatales, qui, comme l'abdication des Princes d'Orléans, ne profitera qu'à l'Empire ou à la Révolution.

Le parti légitimiste, sous l'Empire et pendant les dernières années du règne de Louis-Philippe, se trouvait partout en infime minorité, ne constituant que d'honorables exceptions sans action sur l'opinion publique, et n'ayant plus alors, même dans le clergé, que des adhérents platoniques; il avait reconquis, après la guerre, et surtout il y a un an, tout le terrain qu'il avait perdu depuis 1830. Les manifestes de son chef l'ont définitivement et irrévocablement relégué parmi ces souvenirs respectés de notre histoire, dont un écrivain royaliste disait déjà en 1795 :

« Il est aussi impossible de refaire l'ancien régime que de » bâtir Saint-Pierre de Rome avec la poussière des che- » mins (1)! »

(1) Mallet du Pan.

IV

Qui aurait pu croire, le 4 septembre 1870, lorsque les députés de la majorité, chassés par l'émeute de la salle de leurs délibérations, mais réunis officiellement dans un des salons de la présidence du Corps législatif, adoptaient, à la presque unanimité, la proposition de M. Thiers, impliquant nettement la déchéance de la dynastie impériale (1), déchéance dont, quelques mois plus tard, les nouveaux mandataires de la France, librement envoyés pour la représenter dans une Assemblée souveraine, se crurent autorisés — quoiqu'ils n'en eussent pas reçu le mandat — à renouveler

(1) Voici le texte de cette proposition : « *Vu la vacance du Pouvoir,* » la Chambre nomme une commission de Gouvernement et de Défense » nationale. Cette commission est composée de cinq membres choisis » par le Corps législatif ; elle nomme les ministres. — *Dès que les cir-* » *constances le permettront,* la nation sera appelée, par une Assemblée » constituante, *à se prononcer sur* LA FORME DE SON GOUVERNE- » MENT. »

La commission, nommée par les bureaux du Corps législatif, qui proposa l'adoption de cette proposition aux deux cent vingt députés réunis, le 4 septembre, de quatre à six heures, sous la présidence de M. Alfred Leroux, se composait de MM. Buffet, Josseau, le comte Daru, le comte Le Hon, Jules Simon, Gaudin, Genton et Dupuy de Lôme. M. Buffet, la trouvant inconstitutionnelle, protesta seul, dans le sein même de la commission, contre son adoption. (Voir la préface de mon livre *Autorité et Liberté*, pages 68 et 69, et le *Rapport officiel* fait par M. Daru à l'Assemblée nationale, pages 18 et 512.)

solennellement la déclaration, sans soulever d'autre protestation que celle de cinq de leurs collègues restés, malgré tout, fidèles au gouvernement qu'avaient acclamé et consacré l'année précédente, sept millions cinq cent mille suffrages; qui aurait pu penser alors que ce gouvernement, contre lequel le sentiment public, de toutes parts surexcité, accueillait les attaques les plus vives, les injures et même les calomnies, dont les amis ne purent, pendant plusieurs mois, faire entendre leur voix à la tribune de l'Assemblée sans provoquer, de tous côtés, les plus violentes clameurs, aurait, en moins de quatre années, recouvré, je ne dirai pas son ancien prestige, mais le plus grand nombre de ses partisans; qu'il constituerait, aujourd'hui, le point d'appui le plus sérieux du parti conservateur et serait considéré, par ses adversaires eux-mêmes, comme pouvant être, dans un prochain avenir, la seule digue efficace à opposer au radicalisme?

Est-ce à l'habileté dont font preuve, depuis le 24 mai, les hommes considérables qui, pendant vingt ans, présidèrent à nos destinées; est-ce à l'union, à la discipline de l'ancien parti bonapartiste, qu'est dû ce revirement si étrange de l'opinion? Personne n'oserait le soutenir. — Bien plus, on peut affirmer, sans craindre d'être accusé de calomnie, qu'aucun parti n'a prouvé moins d'intelligence des difficultés de la situation, n'a commis plus de fautes de tactique dans le sein de l'Assemblée, — où tout en réservant le principe de l'appel au peuple, qui est sa force, — son devoir, d'accord avec son intérêt, eût été de ne jamais refuser son concours au pouvoir tutélaire du maréchal de Mac-Mahon, et, en se solidarisant en quelque sorte avec lui, de ne pas le dégager — comme l'ont fait, dans des circonstances critiques, la plupart des députés bonapartistes — de tout sentiment de reconnaissance. Aucun parti n'avait plus besoin d'union et n'a plus étalé au grand jour ses divisions intestines. Ce qui s'est récomment passé en Corse est de nature à édifier sur ce sujet la plus robuste incrédulité.

En dehors, en effet, de la fraction, sans importance numérique que représente le prince Napoléon, il existe parmi les impérialistes des nuances très diverses. Le prince Napoléon, personnalité très peu connue malgré le bruit qu'on fait autour d'elle, avec beaucoup d'esprit, de talent, de l'initiative, de la résolution (1), une attrayante affabilité, une activité prodigieuse et incessante, les connaissances les plus étendues et les plus variées, les avantages que lui donnaient sa ressemblance frappante avec Napoléon Ier et son mariage avec une Princesse vénérée de tous (2), s'est créé dans l'opinion une situation déplorable. Ayant le tort de suivre une voie fausse et d'y persister, ne comprenant pas que l'Empire ne peut être le synonyme de la Révolution, et n'a même de raison d'être, surtout aujourd'hui, que dans le désir qu'a la France du rétablissement des principes d'ordre social intimement liés aux principes religieux, mais n'excluant ni les garanties libérales, contre-poids nécessaire à l'omnipotence ministérielle, ni les idées démocratiques qui doivent être la base de notre droit public, le prince Napoléon, après avoir spontanément déclaré, dès la mort de l'Empereur, qu'on ne trouverait pas de princes d'Orléans dans la famille des Bonapartes, donne, en ce

(1) On a tout contesté au prince Napoléon, même le courage personnel. Or, le maréchal de Saint-Arnaud, qui n'aurait pu mentir à la vérité en face de l'armée, disait dans son rapport officiel sur la bataille de l'Alma, publié au *Moniteur* du 7 octobre 1854 : « L'Alma fut » traversé au pas de charge. Le prince Napoléon, à la tête de sa division, s'emparait du gros village d'Alma, sous le feu des batteries » russes. Le prince s'est montré digne en tout du beau nom qu'il » porte. »

(2) Lorsque, le 5 septembre 1870, Madame la princesse Clotilde quitta Paris, en voiture découverte, tous les fronts s'inclinaient devant elle.

moment, le plus triste et le plus éclatant démenti à ces habiles paroles. — Et de quelle utilité n'eût pas été le rôle qu'il semblait appelé à remplir auprès de son neveu, en dépit de préventions et d'hostilités ardentes, dont il eût fini par triompher !

Je ne parlerai pas, en ce moment, des conservateurs libéraux qui, sans méconnaître aucune des fautes de l'Empire, ne considèrent pas l'idée napoléonienne comme incompatible avec de sages libertés. — Mais il y a encore la coterie, aussi dangereuse que naïve, des ultra-bonapartistes, attendant le remède de l'excès du mal, s'imaginant que l'Empire doit inévitablement sortir d'une nouvelle Commune, et ne voyant pas que la Prusse seule profiterait du triomphe, définitif ou momentané, de la Révolution.

Enfin, le parti des *jeunes,* à la tête duquel s'est placé M. Paul de Cassagnac, plume brillante, vaillante épée, exerce une action beaucoup plus réelle sur l'opinion publique, moins à Paris peut-être que dans les départements, qu'exaspèrent les progrès du radicalisme, si mollement combattu par l'administration ; mais ce parti, s'il professe une véritable haine pour le fils du Prince Jérôme, pour le gendre du Roi d'Italie, est loin d'accepter en toute occasion, l'action dominante de M. Rouher.

M. Rouher a eu l'heureuse chance de ne pas déclarer la guerre. Seul chef officiel et reconnu du parti bonapartiste, dirigeant, en véritable ministre, un nombreux état-major d'anciens fonctionnaires, il paraît avoir toute la confiance de l'Impératrice Eugénie, et, par conséquent, doit posséder celle du Prince Impérial, trop jeune encore, quelque précoce que soit son intelligence, pour s'être formé une idée personnelle très arrêtée sur la valeur politique ou les imperfections des hommes qui ont été les conseillers de son père. — L'ancien premier ministre de Nopoléon III inspire, naturellement, des jalousies déclarées ou secrètes, les unes justifiées, les autres très exagérées, et n'ayant pas toujours pour mobile unique l'Intérêt public. De l'aveu de tous, c'est, d'ailleurs, le personnage le plus éminent qu'ait produit le régime impérial ; et, pourtant, ce ne sont pas les hommes de valeurs diverses qui ont manqué à ce régime. — Le nom de M. Rouher rappelle une réforme économique considérable qui, malgré le reproche fondé de n'avoir pas été mûrement préparée, acclamée par certains milieux industriels, énergiquement blâmée dans d'autres, dénote du moins une grande hardiesse de conception. — Homme d'affaires consommé, merveilleux orateur, plein de ressources dans l'esprit, s'assimilant toutes choses avec une prodigieuse facilité et toujours prêt à parler, même de ce qu'il a le moins étudié, beaucoup mieux que ne le feraient souvent des spécialités distinguées, son éloquence a cependant besoin des applaudissements d'une assemblée pour atteindre toute son ampleur et résiste difficilement aux interruptions.— A la fois sceptique et passionné, bienveillant et plein de rancunes, n'admettant pas, en politique, de contradiction, il n'a pas, néanmoins, de doctrine absolue et n'est pas suffisamment doué de cette prévoyance qui est la qualité dominante des hommes d'État.— Quelqu'importante qu'ait été sa position officielle, il n'a pas conquis, sous Napoléon III, une situation au niveau de son talent : au lieu d'avoir, auprès du Souverain, la situation d'un Cavour ou d'un Bismarck, et d'imposer au besoin son opinion, il a préféré n'être que le brillant avocat des volontés, trop souvent vacillantes, de la Couronne.

Il semblerait, d'après l'attitude que M. Rouher a prise depuis la mort de l'Empereur, qu'il fût décidé à remplir un tout autre rôle avec Napoléon IV.—Y réussira-t-il? L'avenir seul peut nous l'apprendre. — Mais, n'inquiétant pas seulement l'ancien parti conservateur libéral par le souvenir de son attitude politique comme premier ministre, et par le langage de ceux qui l'entourent, accusé de ne vouloir faire de l'Empire qu'une étroite Eglise, réservée à ses seuls amis, il contribue, involontairement selon moi, à entretenir, parmi les bonapartistes, des divisions qui, dangereuses même après le succès, pourraient, dans l'état des choses, rendre ce succès impossible, si les fautes que les légitimistes et les orléanistes ne cessent de commettre ne devenaient pas pour l'Empire le plus imprévu et le plus précieux auxiliaire.

Il en trouve un autre non moins puissant dans les souvenirs de la façon déplorable dont la guerre a été continuée par le prétendu Gouvernement de la Défense nationale qui, grâce à son incapacité, a fini par effacer et fait presque oublier les fautes de ses prédécesseurs; dans la sourde irritation que chacun a conservée et qu'ont produite : la terreur qui a, presque partout, régné après le 4 septembre et surtout pendant la Commune, les crimes commis dans plusieurs départements, l'impéritie des administrateurs improvisés par la République et l'insuffisance, la mollesse de beaucoup de ceux qui les ont remplacés depuis le 24 mai. L'auxiliaire de l'Empire se trouve enfin dans le malaise du présent et dans les incertitudes de l'avenir qui commencent à produire un courant irrésistible d'opinion conservatrice ne s'inquiétant plus des discussions byzantines des partis, mais voulant en finir avec le provisoire.

L'appel au peuple, telle est d'ailleurs l'adroite devise des bonapartistes; c'est leur « Montjoie et saint Denis, » au moyen duquel ils espèrent triompher de l'hostilité de toutes les fractions de la Chambre. Appuyés sur l'influence légitime qu'ont conservée, dans les départements qu'ils ont longtemps administrés, tous ces anciens fonctionnaires que le gouvernement du maréchal de Mac-Mahon tient systématiquement à l'écart— suivant en cela l'exemple de M. Thiers et heureux peut-être des motifs d'hostilité permanente que lui ont fournis M. Rouher et ses amis en votant plusieurs fois contre lui,—ils ont commencé à forcer les portes de l'Assemblée souveraine, se sont maintenus ou viennent de rentrer dans un grand nombre de conseils locaux et se préparent,— non pas d'une façon occulte, comme ils en ont été accusés, — mais ostensiblement et très légalement, soit pour le jour des élections générales, soit pour l'époque où leur doctrine de l'appel à la nation ayant été admise, ils demanderont à un nouveau plébiscite de consacrer celui du 1er mai 1870 et d'annuler ainsi le verdict de l'Assemblée de Bordeaux.

Oubliant que « chez la plupart des hommes les intérêts, souvent respectables, dominent les opinions, » les ministres du duc de Magenta, à l'exemple de ceux de M. Thiers, qui ont avec raison confié des commandements à tous les officiers généraux, sans en excepter les anciens aides-de-camp de l'Empereur, ont cru qu'il était de bonne politique de ne replacer presque aucun des hauts fonctionnaires de l'administration civile; et cependant, après la chute de l'Empire, ces hauts fonctionnaires n'auraient probablement pas plus hésité que les chefs respectés de notre vaillante armée à servir loyalement la France sous un autre régime. Mais, je le répète, « rangés parmi les suspects, lorsqu'ils n'étaient pas, au début, insultés du haut de la tribune, et se voyant préférer les fruits secs les moins expérimentés des oppositions coalisées, ils ont fini par se résigner au rôle qui leur était fait et n'ont pas tardé à reconstituer un parti dont les fautes de leurs adversaires augmentent, chaque jour, la puissance. » Pour comble d'habileté, si deux ou trois anciens préfets seuls ont été employés depuis le 4 septembre, un grand nombre de préfectures ont été confiées à de trop vieux ou à de très jeunes sous-préfets et même à de simples conseillers de préfecture.—C'est exactement comme si, après la révolution, l'on avait mis en retrait d'emploi les colonels de la plupart de nos régiments pour placer à leur tête des capitaines ou des sous-lieutenants, et que l'on s'étonnât que des saint-cyriens eussent moins d'autorité sur les soldats que des chefs hiérarchiques aimés et respectés pendant de longues années. — Je ne sais si le dévouement aux institutions actuelles des nouveaux venus, arrivés, inopinément et sans assez de préparation, aux plus importantes fonctions administratives, est plus certain; mais il serait facile d'établir qu'à de rares exceptions près, le manque d'expérience se manifeste dans la plupart de leurs actes.

La force latente, ou plutôt croissante dans beaucoup de localités, du parti bonapartiste, malgré le souvenir permanent des catastrophes amenées par la guerre insensée de 1870, ne tient pas uniquement, en effet, à son principe à la fois démocratique et autoritaire, qui répond si complétement à nos besoins actuels, ni aux exagérations cléricales et réactionnaires des légitimistes; la raison en est, d'abord, dans la peur de la révolution qui gagne incessamment du terrain, dont, aux yeux de tous les gens de bons sens, que ne dominent pas de petites questions de vanité personnelle, ne saurait nous préserver la république viagère de M. Thiers, — c'est-à-dire, dans un délai prochain, celle de M. Gambetta, — et contre laquelle la présidence à échéance fixe du maréchal de Mac-Mahon ne paraît pas un rempart suffisant. Mais cette raison on peut aussi la trouver dans les souvenirs qu'a laissés, presque partout, le personnel d'élite qui a, si longtemps, administré la France. — Parmi tous ces hommes qui ont dirigé les affaires publiques, de 1852 à 1870, il n'y a pas eu seulement des capacités de premier ordre; quelques-uns même doivent plus leur renommée à l'esprit de coterie qui les a soutenus contre le sentiment public — et ce n'est pas là l'un des moindres dangers de l'absolutisme, qu'il ait nom Empire ou Royauté — ou bien aux circonstances exceptionnelles que, grâce au hasard, ils ont traversées, qu'à un mérite personnel incontesté. Cependant, si l'Empire eut le tort grave, par la confiscation des biens de la famille d'Orléans, d'écarter, dès sa naissance, beaucoup de personnages qui, ayant accepté de faire partie de la commission consultative instituée après le coup d'Etat, l'avaient ainsi indirectement ratifié, ou que l'on aurait facilement ralliés plus tard ; si, par cet acte blamable et inutile, il a obligé les Molé, les Guizot, les Broglie, les Falloux, les Dupanloup, les Montalembert, à se montrer les opposants systématiques d'un régime qui se déclarait essentiellement conservateur, dont ils fussent devenus les conseillers utiles apportant, à ses débuts, une autorité morale qui lui manquait en Europe, — et qui aurait peut-être modifié, dans la suite, notre déplorable politique extérieure, unique cause de sa perte, — du moins l'Empire a-t-il eu l'heureuse fortune de grouper bientôt autour de lui, dans les plus hautes comme dans les plus minces fonctions, presque toutes les intelligences sérieuses et pratiques.

Mon intention n'est pas de rappeler ici toutes les grandes notabilités, dévouées ou rattachées au gouvernement de Napoléon III, qui contribuèrent, dans des situations diverses, à l'immense et incontestable prospérité de la France, au fonctionnement régulier de ses institutions, mais les noms de Troplong, Delangle, Billault, Rouher, Buffet, Morny, Chasseloup-Laubat, Ducos, Baroche, Abbatucci, Turgot, Maupas, Bineau, Padoue, Duruy, Béhic, de Royer, Bonjean, Casabianca, Vuitry, Parieu, Schneider, Walewsky, Daru, Drouin de l'Huys, Thouvenel, Talhoüet, Ségris, Alfred Le Roux, Gramont, Chevreau, Busson, Jérôme David, Forcade, La Tour d'Auvergne, Duvergier, Grandperret, des trois Barrot, des deux Dupin, d'Hausmann, ses ministres (1) ; de Canrobert, de Niel, de Mac-Mahon, ses maréchaux, quelles que soient les critiques qu'on puisse leur adresser (et qui donc en est exempt dans les autres partis ?) étaient

(1) M. Dupin aîné ne fut, sous l'Empire, que procureur général à la Cour de Cassation et sénateur ; quant à M. Hausmann, il était, en fait, le ministre de Paris, quoiqu'il n'en eût pas le titre.

de nature à inspirer la plus légitime confiance à un pays qui fut, longtemps, beaucoup plus préoccupé de la bonne gestion de ses intérêts matériels que de politique et qui comprit, trop tard, à la suite de guerres fatales, par leurs conséquences logiques, combien un sérieux contrôle est nécessaire à tous les gouvernements.

Je devrais ajouter à ces noms ceux de MM. Pouyer-Quertier et Deselligny, tous deux ministres de la République et si complétement dévoués autrefois, comme députés, à la politique impériale, qu'ils avaient refusé de faire partie de ce qu'on appelait alors l'opposition constitutionnelle ; celui de M. Rouland, conservé au gouvernement de la Banque, et enfin de M. Magne, spécialité très au-dessous de la renommée qu'on a voulu lui faire, et que l'Empire avait comblé.

Ainsi s'est maintenue, dans les départements, par des comparaisons toutes à l'avantage du passé, la tradition bonapartiste. Elle a surtout survécu dans ceux qui, n'ayant pas été envahis, n'ont pas eu à souffrir directement de la guerre.

Les souvenirs de prospérité matérielle et l'inquiétude de l'avenir sont loin, néanmoins, de balancer partout la propagande audacieuse que font, en faveur de la révolution, des comités occultes et de nombreux journaux, dont les excès de polémique, très inégalement réprimés, ne le sont jamais lorsqu'ils se bornent à attaquer un gouvernement qui, malgré ses fautes, nous a donné vingt années de gloire et de tranquillité. De là, des résultats électoraux qui ont terrifié la plupart des conservateurs, — auxquels le succès de M. le duc de Mouchy ne fait pas plus oublier le double échec de M. le duc de Padoue et de M. Berger, que le récent triomphe du radicalisme dans la Drôme et dans le Nord ; — et qui sont moins enclins que les chefs des bonapartistes à prendre leurs désirs pour des certitudes absolues. — Ceux-ci se croyant déjà au pouvoir, oublient l'admirable apologue de Lafontaine et ne veulent pas comprendre que du temps seul ils doivent attendre la nouvelle réalisation du mot fameux de M. Thiers : « l'Empire est fait ! »

V

En présence des divisions, chaque jour plus accentuées, non pas seulement du parti orléaniste et du parti légitimiste, mais des nuances si nombreuses qui se partagent l'Assemblée nationale, où les réunions et les groupes se subdivisent à l'infini, où l'on compte presque autant de sergents et de caporaux que de soldats, et lorsque la rupture de la droite avec le centre droit semble définitive, beaucoup d'esprits modérés, beaucoup de ces véritables conservateurs que ne dominent ni l'esprit de coterie ni l'esprit de caste, mais qui, obéissant à un intelligent patriotisme, seraient prêts à sacrifier leurs plus chères préférences à l'intérêt public, après avoir caressé le rêve de la fusion, se demandent, aujourd'hui, s'il ne serait pas sage de se rallier au Septennat, sans s'inquiéter dès à présent, de ce qui devra le remplacer. Se voyant dans une impasse qui rappelle identiquement celle d'une autre époque de notre histoire, où les mêmes divisions se produisaient en face de difficultés absolument semblables, l'échéance fatale qui doit décider du sort de la France étant seulement beaucoup plus éloignée, ils semblent croire qu'ils pourront atteindre, paisiblement, cette échéance. — La réflexion ne tardera pas à les désabuser.

De leur côté, les organes du gouvernement font des efforts considérables pour imposer cette idée au pays. Les pouvoirs que l'Assemblée a confiés au duc de Magenta ayant une durée de sept années, on ne saurait, dit-on, ni admettre qu'on pût les discuter — ce qui ne saurait, en effet, être toléré — ni même se préparer, dès à présent, pour l'éventualité de leur disparition légale ou accidentelle. La tranquillité du pays, ajoute-t-on, la confiance si nécessaire à la reprise des affaires l'exigent impérieusement. — La doctrine est d'autant plus étrange qu'en ne tenant aucun compte des chances de décès auxquelles tous nous sommes soumis, chaque mois, chaque semaine, chaque heure enfin qui s'écoule, nous rapproche de cette date inévitable du 20 novembre 1880 ; de telle sorte que, comme je l'indiquais au début de ces réflexions, le Septennat, dont on n'a pas pu encore commencer l'organisation régulière, auquel on n'a accordé aucun des rouages indispensables à son existence, n'est déjà plus que le Sexennat et ne sera bientôt que le Quinquennat ! — Comment admettre que le commerçant, que l'industriel, que le banquier, que le propriétaire lui-même, dont les opérations exigent des termes souvent très éloignés, n'aient pas le droit de se préoccuper de ce qui remplacera, inévitablement, un jour ce qu'a créé la loi du 19 novembre 1873 ?

Cette logique élémentaire n'est-elle pas de nature à frapper les moins clairvoyants?

Mais les partisans intéressés du *statu quo* sans discussion rappellent, selon moi, cette gazelle d'Amérique qui, lorsqu'elle parvient à cacher sa petite tête derrière un arbre, s'imagine que son corps est à l'abri de tout danger ! — Sur quoi comptent-ils donc pour vaincre toutes les difficultés d'une période essentiellement transitoire ?

Serait-ce, comme on le prétend, sur une alliance avec la gauche de l'Assemblée, devant laquelle on ferait miroiter l'éventualité du maintien indéfini de la République, et qui accorderait, en échange, le vote des fameuses lois indispensables au fonctionnement normal du Septennat, notamment de celle qui organise un Sénat, dont, chacun le sait, la présidence est réservée à M. le duc d'Aumale? Déjà j'ai fait ressortir les difficultés, les impossibilités d'une pareille combinaison.

Cause déterminante de la chute de M. le duc de Broglie, elle ne pourrait pas plus être accueillie aujourd'hui par les républicains, obligés, par leur principe, à repousser toute consécration, directe ou indirecte, du provisoire, qu'elle ne le fut il, y a six mois, par les légitimistes (1).

Une pareille éventualité est, au surplus, d'une réalisation impossible à un autre point de vue, car elle ne surprendrait pas seulement le sentiment public, elle le soulèverait. — Le pouvoir qui, dans la mémorable nuit du 24 mai, est passé des mains hésitantes de M. Thiers dans les vaillantes mains du maréchal de Mac-Mahon, est et doit rester essentiellement conservateur; il ne lui a été confié que comme une protestation énergique de toutes les droites unies au centre contre les tendances manifestes de son prédécesseur à s'allier avec la gauche, et son unique raison d'être aujourd'hui le chef de l'État, c'est qu'il représente l'union de toutes les forces conservatrices contre la révolution.

Mais, écartant ces tristes hypothèses de compromis, auxquels ne s'abaissera pas le caractère si loyal du duc de Magenta, et quelque difficile qu'il lui soit, avec son ministère

(1) Mes prévisions sur l'attitude de la gauche sont confirmées par une importante lettre que M. Laboulaye vient d'adresser au *Journal des Débats*, et dans laquelle se trouve cet aveu : « La gauche ne peut admettre que, sous prétexte de cette organisation (celle du septennat), on prépare le triomphe d'un parti qui ne veut pas de la république, et qui, à son insu peut-être, *nous ramène à l'Empire.* »

(*Journal des Débats* du 7 novembre 1874.)

actuel ou avec tout autre, de grouper une majorité suffisante pour enlever le vote de lois déclarées, plusieurs fois par lui, indispensables au fonctionnement du pouvoir qu'il a accepté et qu'il paraît, d'ailleurs, très résolu à garder six ans encore, admettons qu'il obtienne enfin ce vote, c'est-à-dire la création d'un Sénat et d'importantes modifications au suffrage universel; qu'en résultera-t-il? Serions-nous à l'abri de ces crises ministérielles permanentes qui inquiètent les affaires et ruinent le crédit; toutes les éventualités de troubles, de commotions intérieures, auxquelles servent de prétexte les incertitudes du pouvoir, disparaîtront-elles instantanément; et les nouvelles lois, panacée universelle, apaiseront-elles tous les conflits? Ce Sénat, qui paraît si désirable, est-il donc, en effet, une invention puissante, d'une indiscutable efficacité, capable de prévenir toutes les chances d'instabilité que présente le Septennat avec une Chambre unique et souveraine? Cette mutilation, peu déguisée, du suffrage universel, cette nouvelle loi du 31 mai 1850, amènera-t-elle, nécessairement, en cas de dissolution, une majorité de conservateurs également ennemis de la République et de l'Empire? — Car c'est bien là, je crois, le but que l'on s'est proposé?

Toutes ces questions sont dignes, assurément, d'un sérieux examen.

Et, d'abord, de qui se composerait le Sénat? — Les projets qu'a déposés M. le duc de Broglie, le jour même où la coalition de l'extrême droite avec le centre gauche et les gauches réunies l'a renversé, nous l'ont appris; de trois éléments très distincts : de quelques hauts dignitaires devant leur chaise curule, — comme sous l'Empire, mais avec moins de motifs, — aux fonctions qu'ils remplissent, de membres élus par des catégories d'électeurs fort compliquées, enfin, de membres choisis par le Maréchal-Président.

Ne résulterait-il pas de cette composition bariolée d'une

Chambre haute ayant trois origines si différentes, des inégalités dans l'importance relative de ses membres? Ceux que l'élection aurait désignés pour y siéger ne seraient-ils pas considérés comme seuls revêtus d'un mandat au-dessus de toute contestation; et, dans un vote passionnant l'opinion publique, en cas de conflit, par exemple, avec la Chambre des députés, si la majorité se prononçant en faveur de la dissolution, se trouvait formée de sénateurs nommés par décret, de quel poids leur décision serait-elle, en présence des votes opposés des sénateurs élus?

Trop innover en matière de gouvernement est toujours un danger, et les rouages les plus simples, les combinaisons les plus connues sont bien mieux appréciés que les biais et les moyens termes.

Si la nécessité d'une Chambre haute est démontrée, il convient de la composer, soit conformément au principe républicain, c'est-à-dire de la faire élire par les conseils municipaux et généraux, sans ajouter qui que ce soit à ces colléges électoraux remplissant une mission spéciale et déterminée, ou bien, puisque nous n'avons de la République que l'étiquette, il faut, sans hésitation, en revenir aux usages de la Monarchie, et considérer le Sénat tout entier comme une émanation directe du pouvoir exécutif, son indépendance ayant d'ailleurs pour garantie son inamovibilité.

Quant au suffrage universel, n'osant pas le supprimer, ne sachant pas le diriger, et vivant, sur les errements du gouvernement de Juillet ou de la Restauration, les auteurs du projet de réforme électorale, au lieu de se borner à exiger de raisonnables conditions de domicile contre lesquelles on ne saurait élever d'objections, car tout le monde en comprend l'utilité, se sont ingéniés à rendre le suffrage universel plus périlleux encore, d'une part, en exagérant ces conditions, sans songer que les restrictions portées dans la loi et qui visent les révolutionnaires, étant générales, pourraient également atteindre les citoyens les plus dévoués à la conservation sociale ; et, d'autre part, en ne conférant plus le droit de vote qu'à ceux qui auront dépassé vingt-cinq ans. Comme si l'ouvrier qui a fait son tour de France et s'est affilié, dans les grands centres de population, à divers compagnonnages, ou bien le paysan qui, devenu soldat, s'est trouvé pendant plusieurs années, exposé au contact de Paris, de Marseille, de Lyon, étaient nécessairement, lorsqu'ils sont rentrés dans leurs foyers, plus conservateurs qu'avant de quitter ceux qui avaient exercé sur leur jeunesse une salutaire influence.

Et quel argument on a déjà fourni, par ce projet déplorable, aux deux adversaires contre lesquels il est dirigé, les bonapartistes et les républicains ! S'il n'est pas voté, comme j'en ai la conviction, avant la dissolution de l'Assemblée, républicains et bonapartistes en tireront un profit considérable contre leurs compétiteurs de la droite et du centre droit; ce sera, lors des élections générales, le grief le plus sensible aux populations rurales comme aux habitants des villes. Le retentissement qu'a eue, autrefois, la loi dite du 31 mai et les résultats qu'en ont obtenus ses auteurs, dont quelques-uns, restés pendant un demi-siècle en dehors des affaires, font partie de la Chambre actuelle, étaient cependant de nature à inspirer de salutaires réflexions au gouvernement.

Ce qui serait simple, pratique et surtout efficace, c'est d'imposer une pénalité, peu élevée, soit, mais proportionnelle à la fortune de quiconque, en s'abstenant de prendre part, sans aucun dérangement, au vote de sa commune, peut ainsi contribuer à la perte de son pays (1).

(1) Il n'est pas inutile de faire remarquer qu'un juré est condamné à 500 fr. d'amende, s'il refuse de siéger à la Cour d'assises, c'est-à-dire de s'éloigner de son domicile et de sacrifier, pendant plusieurs jours, ses affaires personnelles au jugement d'un vulgaire criminel. — Pour les

Malheureusement dans l'Assemblée nationale, spécimen de toutes les importances locales que l'Empire eut le tort de tenir à l'écart des affaires publiques, et où se rencontrent, je l'ai déjà dit, beaucoup d'hommes ayant une véritable valeur individuelle, l'esprit politique fait absolument défaut, ou bien cède toujours aux entraînements de la passion ; et plus une idée sera juste, moins elle aura de chances de succès.

J'espère avoir établi la complète inanité de ces projets constitutionnels, que l'on nous présente encore comme notre seule ancre de salut ; mais quelles que soient, à ce sujet, les convictions, il est aujourd'hui hors de contestation que la gauche, ni même le centre gauche, ne les voteront, ne voteront surtout la grave atteinte portée par la proposition du gouvernement, au suffrage universel. — La droite sera-t-elle de meilleure composition? Personne ne le pensera, malgré la présence dans le cabinet Decazes de MM. Tailhand et de Cumont, dont l'influence n'est évidemment pas plus grande que celle qu'exerçait sur elle l'un de ses principaux orateurs, M. Depeyre, forcé de se retirer, en même temps que M. le duc de Broglie, devant la résolution manifestée par ses amis, de s'opposer à toute organisation du Septennat.

Orléanistes et légitimistes restent donc dans une impasse, et avec eux non-seulement le gouvernement, dont ils sont les conseillers officiels, mais la France entière que le présent étonne et que l'avenir inquiète.

L'avenir ! les élections générales qui nous menacent pour le printemps prochain en seront le présage.

Que seront-elles? Radicales en très forte majorité, bonapartistes sur un grand nombre de points. Car ce n'est pas le fait le moins étrange de l'époque extraordinaire dans laquelle nous vivons que la contradiction existant entre les

élections législatives, au contraire, comme pour toutes les autres, l'électeur n'a pas à se déplacer ; il vote, le dimanche, dans sa propre commune.

sentiments avérés des populations qui regrettent l'Empire et voteraient en masse pour amener son retour, si la question se trouvait posée dans un plébiscite, et qui, sous la pression des agents révolutionnaires organisés dans chaque commune avec une habileté dont le parti conservateur aurait dû faire son profit, donnent, au moment des élections, leur préférence aux radicaux.

Or, si comme cela ne fait doute pour personne, la majorité de la future Assemblée nationale, expression toute récente — et l'on ne manquera pas de le répéter très haut — des volontés du pays, n'est pas conforme aux idées politiques professées par le maréchal de Mac-Mahon, quelle situation terrible, inextricable ! Comment le chef du pouvoir exécutif, en désaccord avec la majorité, pourra-t-il gouverner ou même administrer ? Pour éviter des ordres du jour de défiance, le refus du budget, remplacera-t-il M. de Broglie par M. Challemel-Lacour, le duc Decazes par M. Louis Blanc ? Et qui peut savoir si MM. Challemel-Lacour et Louis Blanc eux-mêmes auraient la confiance entière de la nouvelle majorité ? S'il est permis d'affirmer que, grâce à l'organisation formidable du parti révolutionnaire, à son activité, aux organes dont il dispose dans tous les départements, à l'inexpérience et à l'inhabileté constatée des agents du pouvoir, les très prochaines élections générales assureront le triomphe légal de ce parti, il est moins facile de prévoir le sort des membres actuels de la gauche, dont très probablement un grand nombre sera sacrifié aux jalousies haineuses de leurs frères en politique. La gauche vit toujours sur les souvenirs de 1792 et de 1793 ; elle ne veut pas admettre que, pour ses électeurs, il y ait une politique autre que celle ayant pour unique objectif sa rentrée au pouvoir, c'est-à-dire le remplacement des avocats bleus par des avocats rouges ; comme si nous avions encore à nous débarrasser des priviléges de castes et à créer l'égalité devant la loi ! Mais les électeurs de la gauche, très convaincus de l'inébranlable durée de leurs droits politiques, ne craignant pas plus le retour de la dîme et de la corvée que la suppression des garanties dont, sans contestation, ils jouissent depuis quatre-vingts ans, voudraient que le discours fameux de l'ancien dictateur de Tours et de Bordeaux sur « l'avènement des nouvelles couches sociales » — discours dont il a vainement cherché à atténuer l'effrayante portée — passât du domaine de la pure théorie dans celui d'une vigoureuse pratique ; le gouvernement auquel ils aspirent ne doit pas borner son ambition à prendre pour procureurs généraux des clercs d'huissier, à faire ministre de l'instruction publique et des cultes de simples instituteurs, à placer à la tête de nos armées de nouveaux Boichot (1) ; il doit supprimer la magistrature, les lycées, tous les cultes et licencier l'armée. Les questions sociales, ou plutôt le nivellement social, préoccupent exclusivement, en effet, les masses qu'agite sourdement l'Internationale, et seule l'Internationale guidera leurs votes aux prochaines élections.

En face d'une Assemblée révolutionnaire, que fera, que pourra faire le maréchal de Mac-Mahon, détenteur du pouvoir exécutif pour plusieurs années encore, et se trouvant dans l'impuissance absolue de l'exercer? Dira-t-on qu'il faudra nécessairement en arriver alors à la ressource extrême d'un coup d'Etat? Une pareille hypothèse est inadmissible ; car si les coups d'Etat, violation flagrante et très regrettable des lois, ont parfois réussi contre des Assemblées depuis longtemps frappées du discrédit public, ils ne pourraient être tentés, avec des chances sérieuses de succès, contre une Assemblée nouvellement élue.

Les projets de lois constitutionnelles avaient précisément

(1) Le sergent Boichot et le caporal Rattier avaient été choisis en 1849 pour représenter l'armée à l'Assemblée nationale.

pour but, je le sais, de prévenir, dans une certaine mesure, ces graves périls en mutilant le suffrage universel, ou d'y porter remède par le droit de dissolution attribué collectivement au Sénat et au chef du gouvernement. Mais je crois avoir démontré que ces projets, d'une complète insuffisance, seront nécessairement ajournés ou repoussés, aussi bien par la gauche que par la droite.

Que tenter donc pour éviter la révolution légale qui nous menace et ne pas fournir à M. de Bismarck le prétexte d'en finir avec la France abandonnée, cette fois, par l'Europe entière? A quoi se résoudre, puisque l'impossibilité de la monarchie traditionnelle est reconnue avec douleur par ses partisans les plus anciens et autrefois les plus fervents, puisque l'orléanisme s'est suicidé et ne peut plus renaître, même sous le manteau du stathoudérat; puisqu'enfin M. Thiers, en déclarant, dans un accès de franchise, que « la République serait conservatrice ou ne serait pas », a lui-même, constaté son décès?

Il faut d'abord maintenir, en effet, très énergiquement le *statu quo*, mais un *statu quo* complet, c'est-à-dire s'opposer avec une résolution inflexible à la dissolution de l'Assemblée nationale, — sans fixer, toutefois, dès à présent cette date si éloignée de 1880, que personne n'admettrait, — malgré son impuissance à rien fonder, ses divisions intestines et sa croissante impopularité; car, du moins, elle est, en majorité, dévouée aux principes d'ordre social, et serait à coup sûr remplacée par la pire des Conventions ;

Il faut faire durer ce provisoire le plus longtemps possible, ne point se préoccuper d'organisations puériles et compliquées, ni de l'impatience prématurée des partisans de l'appel au peuple ou des exigences, sans but avoué, des amis des Princes d'Orléans, et n'avoir d'autre souci que la défense de la société contre la propagande révolutionnaire ;

Il faut enfin que les partis monarchiques, que les républicains conservateurs eux-mêmes, sacrifient leurs préférences personnelles à l'intérêt de la patrie, et comprenant qu'à notre époque, la forme, en politique, est de médiocre importance, se résignent à accepter un jour le rétablissement de l'Empire, comme les bonapartistes se seraient résignés à la restauration d'Henri V.

VI

Mais quel Empire?

Grosse question; car de sa solution peut dépendre non pas seulement l'avènement même de l'Empire et la possibilité de sa durée, mais le salut ou la perte irrémédiable de la France.

Il ne faut pas, en effet, se faire d'illusion. Si le gouvernement impérial est, pour la troisième fois, rétabli soit par un verdict populaire, soit inopinément et à la suite de quelque grave incident politique, les difficultés qu'il rencontrera dès sa réinstallation, seront immenses et bien autrement sérieuses que celles qui l'accueillirent en 1852. — Alors, comme aujourd'hui, c'était une autorité forte et tutélaire que, de toutes parts, on réclamait; c'est l'effroi que produisaient, dans la masse de la nation, les progrès des idées subversives de tout ordre social, l'impuissance constatée et le désarroi des fractions diverses du parti conservateur, qui ont poussé la nation dans les bras du Prince qui représentait tout à la fois la répression énergique des excès de la révolution et le maintien assuré des principes démocratiques. Mais quelle différence entre le prestige qu'avait en 1850 la légende napoléonienne et les haines qu'ont accumulées les derniers désastres de la patrie, entre Sedan et Waterloo! Les fautes de Napoléon Ier, atténuées par le temps et aussi par celles qu'à un autre point de vue avaient commises les deux gouvernements qui lui ont succédé, n'avaient point effacé les souvenirs de la gloire et des malheurs du héros d'Arcole et d'Austerlitz, du martyr de Sainte-Hélène, dont M. Thiers, son illustre historien, avait obtenu, aux acclamations de la France entière, qu'on transportât pompeusement les cendres à Paris (1). Le bonapartisme et le libéralisme, sous la Restauration, s'étant longtemps confondus dans une défense commune, les républicains ne pouvaient, pas plus que les orléanistes, diffamer alors ce qu'ils avaient publiquement et si récemment exalté, ni employer contre le premier Empire les arguments dont ils se servent maintenant pour déconsidérer le second et empêcher l'avènement du troisième.

Si, d'ailleurs, on ne peut rendre le Prince Impérial responsable de la guerre et de ses conséquences désastreuses, beaucoup de ceux même que leurs intérêts rattacheraient à son gouvernement, s'effraient autant que ses adversaires les plus déclarés, de la jeunesse de celui entre les mains de qui certains fanatiques et quelques ambitieux voudraient remettre toutes nos destiuées, sans contrepoids. — Et ce n'est pas là l'objection la moins sérieuse que présentent, aux esprits impartiaux, les orléanistes, dont les

(1) Mon père eut, en 1840, le commandement de la flottille de bateaux à vapeur qui escorta, du Havre à Paris, les cendres de Napoléon. Il eut la bonté de m'emmener avec lui; et quoique je fusse encore un enfant, je n'ai jamais oublié et n'oublirai jamais l'émouvant spectacle de ces populations accourant de toutes les villes et de tous les villages éloignés de plusieurs lieues qui, à toutes nos stations, se pressaient sur les rives de la Seine, et malgré un froid de près de quinze degrés y campaient, chaque nuit, pour ne pas perdre de vue le bateau *la Dorade*, sur lequel se détachait le cercueil du grand Empereur.

prétendants sont tous des hommes expérimentés, ne repoussant pas, malgré la fusion, les principes modernes d'une autorité contrôlée, et les légitimistes qui ont, il est vrai, pour doctrine unique, l'absolutisme, mais dont le Roi a plus de cinquante ans.

Combien les embarras résultant de l'âge du Prince Impérial deviendraient plus périlleux encore par l'adoption d'une politique qui, loin d'effacer toutes les dissidences passées, d'oublier toutes les oppositions et d'attirer au jeune souverain toutes les forces vives du pays, toutes les intelligences, toutes les renommées — quels que soient les régimes auxquels elles aient appartenu, sous quelque drapeau qu'elles aient servi — se montrerait exclusive et haineuse, repoussant quiconque aurait été légitimiste, orléaniste, républicain, ou même simplement libéral ! L'opinion publique pourrait-elle envisager, sans anxiété, l'éventualité d'un règne acceptant l'impulsion de coteries jalouses et imprévoyantes — que ne dominerait plus la calme et froide nature d'un Prince éprouvé par quarante années d'exil et de malheurs — et qui, sans se préoccuper des hostilités accumulées par les désolants souvenirs de la guerre, se bornerait à suivre et peut-être à exagérer les traditions autoritaires du 2 décembre ?

Quelle force morale donnerait, au contraire, au fils de Napoléon III le concours de ceux qui, après avoir loyalement cherché le bonheur de la France, ou la satisfaction de leurs idées personnelles, dans une restauration de la Monarchie de droit divin, dans l'avènement du petit-fils de Louis-Philippe, ou même dans l'établissement d'une république véritablement conservatrice, sont forcés aujourd'hui, par l'évidence, de comprendre l'inanité de leurs tentatives et doivent consentir à servir la France sous le seul régime qui puisse efficacement fusionner tous les intérêts conservateurs, en restant autoritaire sans cesser d'être libéral et démocratique !

Cette solidarité, enlevant à l'opposition radicale ses anciens et puissants auxiliaires du parti conservateur, permettrait à Napoléon IV, malgré sa jeunesse, de triompher aisément de l'implacable ennemi des républiques comme des monarchies : la révolution.

Ne serait-ce pas d'ailleurs une bonne fortune pour un gouvernement que d'avoir dans ses conseils des personnages de la valeur de M. le duc de Broglie, de la finesse du duc Decazes, de la puissance oratoire de M. Dufaure, du talent de Mgr Dupanloup, de M. de Falloux, de M. Ernoul, de M. Depeyre, de M. de Fourtou, de M. Baragnon, de M. de Kerdrel, de M. Béranger; d'honorables spécialités comme MM. Léon Say, Pouyer-Quertier, Germain, le général Chanzy; des débutants comme MM. de Castellane, de Meaux et Lambert Sainte-Croix; que de conserver à la tête des représentants du pays l'homme intègre et respecté de tous, qui préside avec tant de fermeté et d'à-propos les tumultueux débats de l'Assemblée nationale? L'esprit droit, lucide et prompt de M. Buffet, que ne peuvent ni surprendre, ni déconcerter, ni intimider les interruptions passionnées de la gauche; sa nature bienveillante et loyale, parfois anguleuse dans ses apparences, mais toujours impartiale; sa notoriété, son expérience consommée des affaires publiques, auxquelles il se trouve mêlé depuis près de trente ans, sa parole brève, en quelque sorte martelée, qui s'impose à l'attention par sa netteté et ne s'égare jamais dans les lieux communs de la phraséologie parlementaire; enfin, la simplicité antique de ses goûts et sa modestie, sont-ce là des qualités si habituelles aux hommes politiques qu'on ait la faculté de n'en tenir aucun compte et de dédaigner, dans les moments difficiles, l'appui de ceux qui les possèdent à un si haut degré?

Et, d'autre part, MM. Buffet, de Broglie, Decazes et Dufaure lui-même, et tant d'autres, si le nouvel Empire, comprenant ses véritables intérêts, faisait appel à leur dévouement à la France pour y fonder, un jour, des institutions définitives alliant, comme en Angleterre, une autorité puissante à de raisonnables libertés, auraient-ils donc le droit de se refuser à une œuvre de restauration nationale et de salut public?

Est-ce à dire que les chefs actuels des bonapartistes, que les survivants de ces ministres de Napoléon III dont j'ai cité les noms, tous honorables et quelques-uns illustres, aient le devoir de s'effacer devant les ouvriers de la dernière heure, qu'il faille, adopter à leur sujet, la doctrine ingénieuse de ceux qui, après avoir vu à l'œuvre les auteurs du 4 Septembre, ne croyaient la République possible que sans républicains? — Ce ne serait ni juste ni habile.

Mais que de vides la mort a faits parmi les hommes éminents auxquels notre pays a dû, pendant vingt ans, sa grandeur et sa prépondérance dans le monde entier! — Et, en dehors même de la question purement politique, qui rend si nécessaire l'union de toutes les forces conservatrices contre l'ennemi commun, ne serait-il pas équitable et rationnel de compléter le personnel du nouveau gouvernement avec les diverses individualités qui, depuis 1871, ont acquis une notoriété justifiée? — Toutes n'ont pas une valeur égale, beaucoup manquent encore de cette expérience à laquelle l'intelligence ne supplée pas; mais les anciens dignitaires de l'Empire étaient-ils donc tous également capables et expérimentés? L'impartiale histoire portera-t-elle sur l'illustre Troplong, sur le duc de Morny, sur M. Billault ou sur le héros de Saint-Privat, le même jugement que sur le duc de Persigny, M. Emile Ollivier et le maréchal Bazaine? Appréciera-t-elle à un égal degré M. Bineau succombant, à cinquante ans et sans aucune fortune, aux plus pénibles labeurs, dont on se souvient à peine, et à qui cependant est due cette grande et féconde idée des emprunts par voie de souscription publique, qu'il eut tant de difficulté à faire adopter, et le très heureux M. Magne, dont la capacité financière s'est toujours bornée à suivre les sentiers battus (1)?

Il me reste à examiner quelle devrait être la conduite politique d'un gouvernement ainsi raffermi, résumant en lui toutes les forces sociales, ne se heurtant désormais à aucune impossibilité, donnant satisfaction, par sa composition même, aux intérêts divers de tous les conservateurs que n'aveuglent pas des passions mesquines, et qui repoussent avec indignation ce cri stupide de ralliement réédité par les partis extrêmes : Périsse la France plutôt que notre principe !

Déjà, dans la préface d'une publication récente, j'ai eu l'occasion d'indiquer quels doivent être, selon moi, les bases de tout gouvernement dans notre société moderne (2).

« Fait étrange, disais-je, et qui montre combien est étroit » le cercle dans lequel s'agite l'humanité : les révolutions ont » eu, chez tous les peuples et dans tous les temps, le même » début et la même conclusion. Or, cela n'indique-t-il pas, » avec certitude, que les principes politiques doivent avoir » une base commune, modifiée seulement, dans ses consé» quences pratiques suivant les mœurs et les tempéraments? » Pour ne parler que de la France, le spectacle qui se » déroule sous nos yeux, depuis plus de quatre-vingts ans, » n'est-il pas instructif, ne devrait-il pas empêcher, à l'a» venir, ce retour périodique de révolutions qui, toutes, » commencent par de légitimes revendications et qui, toutes, » après avoir obtenu ce qui était raisonnable, nécessaire, se » transforment rapidement, deviennent exigeantes, intolé» rantes, sous prétexte de liberté, produisent l'anarchie et

(1) Les seuls projets financiers qui aient répondu aux nouveaux besoins de notre époque ont été présentés, pendant les dernières années de l'Empire, par M. de Soubeyran et par M. Germain, actuellement membres de l'Assemblée nationale.

(2) *Autorité* et *Liberté*.

» nous ramènent inévitablement au despotisme pour n'avoir » pas su rester dans cette moyenne, dans cette mesure qui, » seule, est la vérité? Et, à leur tour, ceux qui, bénéficiant » des excès révolutionnaires, s'emparent du pouvoir avec » l'assentiment de tous, au lieu de se borner à rétablir éner» giquement l'ordre et la sécurité, pour gouverner ensuite » avec une modération que commanderait le souvenir d'un » passé bien récent, comment procèdent-ils? — Exactement » comme leurs devanciers. — Passant du despotisme à l'ar» bitraire, après avoir improvisé des digues indispensables » pour contenir la démagogie, ils ne tardent pas à en éle» ver d'autres pour conprimer le contrôle et les plus inoffen» sives libertés, jusqu'au jour où, succombant à une impopu» larité méritée, ils sont également emportés par une » nouvelle révolution, aussi raisonnable d'abord, mais » bientôt plus radicale, et souvent plus sanguinaire que » celles qui l'avaient précédé. »

..... « Un autre fait — disais-je encore — également in» contestable, et dont il faudrait tirer un enseignement, » c'est que chaque révolution laisse une trace ineffaçable, » produit des résultats moraux qu'on ne saurait mécon» naître. — Ainsi quel est donc le gouvernement, même le » plus arbitraire, qui oserait aujourd'hui contester ces » grands principes d'égalité civile et politique, de liberté » religieuse, posés en 1789 et base de notre droit public, ou » renoncer ouvertement à ce régime représentatif, plus ou » moins développé d'après les circonstances, que 1830 et » 1814 ont fait pénétrer dans nos habitudes, comme dans » celles de presque tous les peuples? Quel est le gouverne» ment qui pourrait revenir au suffrage restreint, dont le » maintien exagéré servit de prétexte à la révolution de » 1848? Et le service obligatoire qui, sans les désastres de » 1870, n'eût peut-être jamais été accepté par la France, » n'est-il pas, lui aussi, devenu, avec le suffrage universel

» direct ou indirect, l'une des bases désormais inattaquables
» de notre société démocratique, et avant tout égalitaire? »

Je n'ai rien à ajouter à cette théorie.

Cependant, tout en maintenant — comme je l'écrivais plus loin — qu'il serait insensé « d'exiger, dans des temps troublés aussi bien que dans les temps calmes, l'établissement du gouvernement parlementaire tel qu'il existe dans les pays exempts d'agitations périodiques où la forme du gouvernement n'est jamais en discussion, où les ministres passent, mais où les souverains restent et se transmettent paisiblement, de génération en génération, une autorité forte et respectée de tous », qui donc pourrait conseiller, surtout après la guerre du Mexique et l'unification de l'Italie, cause première de tous nos malheurs, de faire du despotisme le régime définitif de la France?

Certes, il convient d'abord de replacer sur sa base la pyramide ébranlée par la Révolution, de constituer le pouvoir entre des mains résolues et de mettre en pratique, dans une certaine mesure du moins, l'aphorisme des apôtres de la République, qui ont toujours réclamé la dictature pour fonder la liberté.—Mais ce pouvoir pourrait-on, sans inquiéter le sentiment public, le confier exclusivement aux mains de ceux qui, ayant fait de l'absolutisme la doctrine de toute leur vie, voudraient ériger en système une nécessité de transition?

Parce qu'à la fin de l'Empire, on a confondu la licence avec le contrôle et de sages libertés; parce qu'alors on a traité la France comme un malade affaibli par une diète prolongée, qui aurait eu besoin du plus vieux et du meilleur vin, et qu'un médecin imprévoyant a cru fortifier avec de l'eau-de-vie; parce qu'on est las aujourd'hui des abus de ce qu'on appelle dédaigneusement le parlementarisme; parce que l'usage immodéré du droit d'interpellation donnant, à grand peine, des majorités de quelques voix au chef de l'État, — mis chaque jour en question par ceux qui l'acclamaient, il y a un an, comme l'unique sauvegarde de la société de toutes parts attaquée — inquiète les affaires et les paralyse; parce qu'enfin, l'Assemblée nationale elle-même constate son impuissance, s'agite dans le vide, et, sans rien conclure, consacre tout son temps aux discussions les plus stériles, on voudrait, sous l'influence d'incidents fâcheux et récents, passer brusquement d'un extrême à l'autre.— Beaucoup de gens ne cherchent, dans une restauration impériale, que le gendarme !

La politique est, certainement, la science des transactions; mais si elle peut se plier à toutes les exigences du moment, elle ne doit jamais ni renoncer à sa doctrine, ni oublier son but. — L'essai malheureux que nous avons fait, en 1870, d'un prétendu régime parlementaire qui, en réalité, n'en était que la parodie, ne doit pas plus que les exagérations actuelles, nous engager à proscrire de nos institutions définitives un système de gouvernement qui est devenu celui des Belges comme des Anglais, de l'Italie comme de l'Autriche, et de la Prusse elle-même.

Deux fois, depuis soixante ans, nous en avons fait un sérieux essai, de 1815 à 1830 et de 1830 à 1848. Or, pendant ces deux périodes d'une longueur relative, n'est-ce pas la royauté seule qui, une première fois, en déchirant, sans provocation, le pacte fondamental, et quelques années plus tard, en refusant de se renfermer dans le cercle qu'ont toujours respecté les souverains constitutionnels de la libre Angleterre, nous a conduits, de révolution en révolution, dans l'impasse où se débat la France?

Que l'Empire — quelle que soit la date de son retour — commence par terrasser le radicalisme, c'est sa mission et son premier devoir; mais après avoir rétabli l'ordre, le crédit, la confiance, la prospérité, qu'il aborde résolûment l'examen des questions sociales, de ces redoutables problêmes d'un prochain avenir, qui intéressent bien plus le peuple que la politique, et qu'un gouvernement dont la base serait inébranlable peut seul résoudre. Que l'Empire, s'il veut durer, se garde de répudier à jamais la liberté et de mettre, comme le Dante, à son frontispice :

Lasciate ogni sperenza, voi che'ntrate !

LATOUR DU MOULIN.

Olivet, 12 novembre 1874.

www.ingramcontent.com/pod-product-compliance
Ingram Content Group UK Ltd.
Pitfield, Milton Keynes, MK11 3LW, UK
UKHW021013200726
13857UKWH00004B/1422